普通高等教育高职高专"十三五"规划教材

移动商务应用与实例

宁毅 黄晓芸 主编

中国水利水电出版社
www.waterpub.com.cn
·北京·

内 容 提 要

本教材旨在让读者系统学习移动商务的概念、相关技术和移动商务在各领域的应用,内容包括移动商务概述、移动商务技术、移动商务安全、移动支付、移动营销、社交类移动商务应用、交通类移动商务应用、旅游类移动商务应用、影像新闻类移动商务应用和企业移动商务应用等。

本教材内容丰富,案例新颖,可作为高职高专移动电子商务入门教材,也可供对移动商务感兴趣的人员参考。

图书在版编目(CIP)数据

移动商务应用与实例 / 宁毅,黄晓芸主编. -- 北京:中国水利水电出版社,2019.3
普通高等教育高职高专"十三五"规划教材
ISBN 978-7-5170-7652-0

Ⅰ.①移… Ⅱ.①宁… ②黄… Ⅲ.①移动电子商务—高等职业教育—教材 Ⅳ.①F713.36

中国版本图书馆CIP数据核字(2019)第084993号

书　名	普通高等教育高职高专"十三五"规划教材 **移动商务应用与实例** YIDONG SHANGWU YINGYONG YU SHILI
作　者	宁　毅　黄晓芸　主编
出版发行	中国水利水电出版社 (北京市海淀区玉渊潭南路1号D座　100038) 网址:www.waterpub.com.cn E-mail:sales@waterpub.com.cn 电话:(010)68367658(营销中心)
经　售	北京科水图书销售中心(零售) 电话:(010)88383994、63202643、68545874 全国各地新华书店和相关出版物销售网点
排　版	中国水利水电出版社微机排版中心
印　刷	清淞永业(天津)印刷有限公司
规　格	184mm×260mm　16开本　10印张　237千字
版　次	2019年3月第1版　2019年3月第1次印刷
印　数	0001—2000册
定　价	34.00元

凡购买我社图书,如有缺页、倒页、脱页的,本社营销中心负责调换
版权所有·侵权必究

普通高等教育高职高专"十三五"规划教材之

计算机应用技术示范特色专业系列教材
编 委 会

主　任　　张忠海

副主任　　潘念萍

委　员　　韦　弘　　　　宁爱民　　　　黄晓东

　　　　　苗志锋　　　　唐　锋　　　　黄文强（企业）

　　　　　李金东（企业）　陈德春（企业）　杨满英（企业）

秘　书　　苗志锋

本书编写人员

主　编　　宁　毅　　　　黄晓芸

参　编　　潘永艳　　　　苏智灵　　　　韦　磊

　　　　　禤建丽　　　　伍燕梅

前言 QIANYAN

移动电子商务已成为当今世界发展最快、市场潜力最大、前景广阔的行业，引领着数字经济的发展。根据艾瑞咨询最新数据，2016年移动购物市场交易规模约为3.3万亿元，占网络购物总交易规模的70.2%，继2015年超过PC端之后，占比继续扩大，移动端已经成为网络购物的主流渠道。另外，2016年移动购物市场交易规模增速为57.9%，首次低于100%，移动购物市场增速放缓，进入平稳发展期。目前，移动电商人才供应没有跟上市场的需求。

在"互联网+"的国家发展战略指导下，本教材从全新的视角，本着理论和实际密切结合的原则，阐述了移动商务的各种基本问题，着重探讨了移动商务的应用，使读者了解移动商务领域的技术与应用，把握移动电子商务的发展趋势，能更好地从事与移动电子商务活动相关的商务网站建设、管理、运营、营销等工作。

本教材共分十章，包括移动商务概述、移动商务技术、移动商务安全、移动支付、移动营销、社交类移动商务应用、交通类移动商务应用、旅游类移动商务应用、影像新闻类移动商务应用和企业移动商务应用。

本教材是普通高等教育高职高专"十三五"规划教材中的一本，由计算机应用技术示范特色专业及实训基地项目建设项目予以资助。本教材由宁毅、黄晓芸担任主编，负责全书的组织设计和统编定稿。各章分工如下：宁毅负责第一章、第三章；黄晓芸负责第四章、第十章；潘永艳负责第一章、第五章；苏智灵、韦磊负责第七章、第八章；褟建丽负责第六章；伍燕梅、韦磊负责第九章。

移动电子商务是一个日新月异的领域，许多理论尚未成熟，加之编者水平有限，本教材不当之处恳请专家及读者批评指正。

编者
2018年7月

目录 MULU

前言

第一章 移动商务概述 ... 1
  第一节 移动商务的概念 ... 1
  第二节 移动商务的模式和内容 ... 2
  第三节 移动商务的特点和基本结构 ... 4
  第四节 我国移动商务的发展 ... 7
  思考与练习 ... 8

第二章 移动商务技术 ... 9
  第一节 移动智能终端设备及其操作系统 ... 9
  第二节 二维码与 RFID 技术 ... 13
  第三节 LBS 技术 ... 21
  第四节 云计算技术 ... 23
  第五节 大数据技术 ... 29
  第六节 物联网技术 ... 35
  第七节 HTML5 技术 ... 39
  思考与练习 ... 46

第三章 移动商务安全 ... 47
  第一节 移动商务安全概述 ... 47
  第二节 手机病毒及主要防治措施 ... 50
  第三节 无线技术攻击手段 ... 53
  第四节 移动电子商务的安全技术 ... 54
  第五节 移动电子商务的实现技术 ... 55
  思考与练习 ... 70

第四章 移动支付 ... 71
  第一节 移动支付的概念、特点和现状 ... 71
  第二节 移动支付的形式和主要工具 ... 74
  第三节 移动支付安全与风险防范 ... 83
  思考与练习 ... 88

第五章 移动营销 ... 89
  第一节 移动营销概述 ... 89

第二节　APP营销 ··· 91
　　第三节　二维码营销 ··· 95
　　第四节　微信营销 ··· 100
　　思考与练习 ··· 104

第六章　社交类移动商务应用 ··· 105
　　第一节　移动医疗 ··· 105
　　第二节　移动学习 ··· 108
　　思考与练习 ··· 110

第七章　交通类移动商务应用 ··· 111
　　第一节　交通类移动商务的发展现状 ······································ 111
　　第二节　智能交通信息服务系统的应用 ··································· 115
　　第三节　铁路12306系统的应用 ··· 119
　　思考与练习 ··· 121

第八章　旅游类移动商务应用 ··· 122
　　第一节　移动旅游电子商务的发展 ··· 122
　　第二节　同程旅行APP应用介绍 ·· 128
　　思考与练习 ··· 130

第九章　影像新闻类移动商务应用 ·· 131
　　第一节　影像新闻的发展 ·· 131
　　第二节　影像新闻类移动商务应用的优势 ································ 133
　　思考与练习 ··· 136

第十章　企业移动商务应用 ·· 137
　　第一节　企业移动商务应用概述 ·· 137
　　第二节　应用案例 ··· 140
　　思考与练习 ··· 149

参考文献 ·· 150

第一章

移动商务概述

【学习目标与要求】
了解移动商务的概念、产生与发展、移动商务的基本特点，领会移动商务的模式和内容，理解移动商务的结构。

【学习重点】
移动商务的概念、移动商务的模式和内容。

【学习难点】
移动商务的模式。

移动商务是由电子商务的概念衍生出来。电子商务以 PC 机为主要界面，是有线的电子商务；而移动商务则是通过手机、PDA 这些可以装在口袋里的终端开展各种商务活动。移动商务将决定 21 世纪新企业的风貌，也将改变人们的生活与商业的经营模式。移动商务就是利用手机、PDA 及掌上电脑等无线终端进行的 B2B、B2C、C2C 或 O2O（网上到网下）的电子商务。它将因特网、移动通信技术、短距离通信技术及其他信息处理技术完美的结合，使人们可以在任何时间、任何地点进行各种商务活动，实现随时随地、线上线下的购物与交易、在线电子支付以及各种交易活动、商务活动、金融活动和相关的综合服务活动等。

第一节 移动商务的概念

一、移动商务的定义

移动商务，顾名思义，就是"移动+商务"，是在移动过程中开展的商务活动，移动是手段，商务是目的。

狭义的移动商务只包含涉及货币类交易的商务模式；广义的移动商务则包括人们通过随身携带的移动设备随时随地获得的一切服务，服务领域涉及通信、娱乐、商业广告、旅游、紧急救助、农业、金融等。我们所讲的移动商务通常是指广义的移动商务。

很多学者和机构对移动商务给出了以下定义：

（1）移动商务是指通过移动通信网络进行的、涉及资金价值的任何交易。按照这个定义，无论是在 B2C 领域还是 B2B 领域，移动商务都是电子商务的一部分。通过快速发展的移动服务，移动商务不仅增加了电子商务市场的交易量，同时还扩展了整个电子商务市场。

（2）从交易的角度来考虑，任何形式的交易和经济价值，如果是通过移动通信网络利用一种或多种移动终端设备来实现的，那么就可以被认为是移动商务。

（3）移动商务是基于因特网的电子商务的延伸，任何电子商务交易，无论由何人在何地操作，只要通过无线终端设备实现，都被认为是移动商务。

（4）移动商务是一个由个人和组织共同构成的交互式"生态系统"。这个系统由社会经济背景和各种成功的技术构成，通过无线和移动技术的应用，经济背景和技术在社会交互下共同创造新的应用。

（5）移动商务指不受时间和空间的限制，通过任何移动设备和无线通信网络，与移动交易、数据传输、网络设备有关的所有活动，或者改善商务运作和商业流程效率的活动。

（6）通过连接公共或专用网络，使用移动终端来实现各种活动，包括经营、管理、交易、娱乐等。

综上所述，移动商务是指通过移动通信网络进行数据传输并且利用移动终端开展各种商业经营活动的一种新的电子商务模式，它由电子商务的概念衍生而来。电子商务以PC机为主要界面，是"有线的电子商务"；而移动商务则是通过手机、PDA等这些可以装在口袋里的终端与消费者交互，使得消费者无论何时、何地都可以进行商务活动。

二、移动商务的发展历程

随着移动通信技术和计算机的发展，移动商务的发展已经经历了三代。

（一）第一代

第一代移动商务系统是以短信为基础的访问技术。这种技术存在着许多严重的缺陷，其中最严重的问题是实时性较差，查询请求不会立即得到回答。此外，由于短信信息长度的限制也使得一些查询无法得到一个完整的答案。这些令用户无法忍受的严重问题也导致了一些早期使用基于短信的移动商务系统的部门纷纷要求升级和改造现有的系统。

（二）第二代

第二代移动商务系统基于WAP技术，主要通过手机浏览器的方式来访问WAP网页，以实现信息的查询，部分地解决了第一代移动访问技术的问题。第二代移动访问技术的缺陷主要表现在WAP网页访问的交互能力极差，因此极大地限制了移动电子商务系统的灵活性和方便性。此外，WAP网页访问的安全问题对于安全性要求极为严格的政务系统来说也是一个严重的问题。这些问题也使得第二代技术难以满足用户的要求。

（三）第三代

第三代的移动商务系统采用了基于SOA架构的Web Service、智能移动终端和移动VPN技术相结合的第三代移动访问和处理技术，使得系统的安全性和交互能力有了极大的提高。第三代移动商务系统同时融合了3G移动技术、智能移动终端、VPN、数据库同步、身份认证及Web Service等多种移动通信、信息处理和计算机网络的最新前沿技术，以专网和无线通信技术为依托，为电子商务人员提供了一种安全、快速的现代化移动商务办公机制。

第二节 移动商务的模式和内容

移动商务从本质上仍属于电子商务，是由于技术发展与市场变化而出现的新的商务模式。我们可以从用户、技术和商务等不同角度来分析移动商务的模式和内容。

从用户角度来看，个体消费者可以购买娱乐信息内容，包括图片、铃声、游戏、赛事成绩等。人们可以使用手机等移动通信设备，随时随地上网、查询信息、购买产品、预定服务，既方便又快捷。移动商务给消费者提供更多更方便的商业体验。对于企业用户来说，移动商务可以为他们提供快速便捷的信息服务，应用于内部办公、外部服务、信息发布及定向宣传等。

从技术角度来看，移动商务不仅是技术的创新，也是一种企业管理模式的创新。手机、PDA和笔记本电脑等移动通信设备与企业后台连接后，通过无线通信技术进行网上商务活动，使得移动通信网和因特网有机结合，突破了有线网络的局限，更加直接、高效地进行信息互动，扩大了电子商务的领域，节省了人力成本，使企业能够及时把握市场动态和动向。

移动商务充分运用其移动性消除了时间和地域的限制，为电子商务活动提供便捷，使随时随地的信息传输和商业交易成为可能。因此，可以说移动商务利用了各种移动设备和移动通信技术，随时随地存储、传输和交流各种商业信息，是一种新的业务模式。

从商务角度来看，移动商务通过移动通信网络进行数据传输，利用手机、PDA等移动终端开展各种商业经营活动，是与商务活动参与主体最贴近的一类电子商务模式。由于用户与移动终端的对应关系，通过与移动终端的通信可以在第一时间准确地与对象进行沟通，使用户更多地脱离设备网络环境的束缚。

具体来讲，移动商务可以划分为三个层次：核心交易、包装服务和交易支持，如图1-1所示。

核心交易是商家向最终用户提供的核心服务，即狭义的移动商务，如购物、订票或银行服务等。包装服务提供商业活动的环境，包括选择、内容整合或广告等对核心交易活动起帮助作用的服务。交易支持服务是支持交易活动所必需的业务流程，如支付认证、应用管理和配送等。

人们往往只看到移动商务给消费者带来更多更方便的商业体验，为企业用

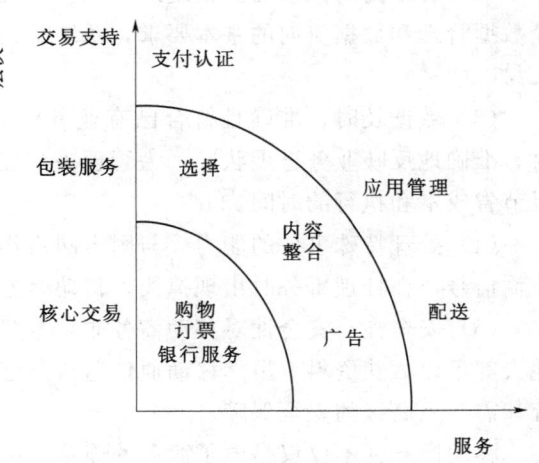

图1-1 移动商务三个层次

户提供了应用于内部办公、外部服务、信息发布及定向宣传等多种应用功能。实际上，移动商务不仅改变了信息获取的速度和方式，更改变了商务对接、合同签订、货款交割、库存管理、流动性车辆调度、移动目标追踪和查询方式等固有的运作和流转方式，给传统的企业管理、营销管理、商务管理带来了巨大的变革，形成了新的商业气候，满足了新的商业需求。

3

第三节　移动商务的特点和基本结构

正如因特网技术的发展与应用对传统商务模式产生了巨大的影响，移动因特网的发展也为企业提供了移动商务的更多可能，为用户便捷、快速地获取信息提供了多样化的选择，并且提高了商务处理的能力。移动商务可以提高人们生活的质量，提高企业的核心竞争力，特别是发展移动商务只需在先前电子商务的投资基础上进行构建，是已经配置了的技术在新领域的逻辑延伸。

一、移动商务的特点

消费者对手机通信的依赖使移动通信终端与消费者存在着特殊的对应关系。手机号码事实上成为了消费者及其消费能力的商业符号，更将在新技术的推动下成为消费者虚拟的统一账户号码。移动商务的市场需求和商业价值指出了电子商务的进化方向。

移动商务应用的发展基于移动设备的行业应用软件，最终将与企业或行政部门等各类组织自身的信息管理系统建设实现紧密结合，形成移动商务系统。这样的系统将具有以下特点：

（1）设备的兼容性和开放性。以掌上电脑等移动设备结合移动应用软件构成的移动信息终端为基础，系统具有很高的兼容性和开放性，能够迅速地、容易地适应用户时常寻求的新服务和应用，用户也能够自由地使用各种各样的移动设备。

（2）有很高的冗余度。系统结构能反映机构的管理结构和业务特点，符合其工作对移动数据管理和数据流向的基本要求，系统有很高的冗余度，能够应付大量的用户及其同步交易。

（3）数据及时、准确且符合已有业务标准。来自移动信息终端的第一手数据能够及时、准确地反映业务进展状况，为管理决策提供有效的支持。系统符合已有的业务标准，以节省成本和执行的时间。

（4）处理特殊事件的能力。与固定网络比较，无线交易由于网络是在跨服务区状态下传输信号，在处理事务时出现掉线，移动商务系统应该能可靠地处理类似情况。

（5）安全性。安全性对移动商务非常重要。任何人通过无线网络传送信息，理论上其他人都可以截获资料。虽然移动通信运营商已经为信息传送加密，但是移动商业和银行系统却需要更高级的安全保障。

移动商务并不仅仅是电子商务的简单扩展，相对于电子商务，移动商务有一些独有的特点，主要体现为以下 4 点：

（1）无所不在。与传统的固定电话和电子商务不同，在移动通信方式下，用户可以在任何时间、任何地点进行移动商务活动。这个特性对于用户的某些特定需求非常有价值，如用户需要实时关注股票价格、拍卖信息等。对于时间和位置敏感的行业，如金融业和旅游业，也能从该特性中获得巨大的收益。

（2）便捷性。无线终端设备的小巧方便使得移动商务比电子商务更有优势。人们进行商务活动不再受地域限制，而且移动商务便捷的访问方式也能提高人们的效率。例如，人们在排队或乘车时，能利用手机等移动终端访问网络或处理日常工作事务。此外，各种移动服务应用为移动商务的便捷性提供了条件，如手机邮箱、移动即时通信、文件共享等。

（3）位置相关性。全球定位技术使得与位置相关的各种移动服务得到迅速发展。通过GPS技术，服务提供商能够准确识别用户所在的位置，从而为该用户提供与位置相关的有用信息。该特性在广告业得到了较好的应用。例如，在查询旅游信息的时候，服务商除了给用户提供预定的信息，还可能包括与位置相关的其他信息。此外，位置相关性最重要的应用在于急救，当用户需要急救而不知自己所处的位置时，救护人员可以通过定位技术迅速到达现场实施抢救。

（4）私人化。移动终端设备和手机号码通常都是被唯一一个用户所使用的，这使个性化市场定制成为可能。信息技术和数据挖掘技术则能推动个性化服务的应用与发展。例如，根据个人的喜好不同，服务商可以针对特定用户提供该用户感兴趣的信息，这在广告增值业务中的作用会越来越重要。

此外，由于移动终端界面很小，能显示的内容十分有限，因此，对庞杂的信息进行筛选并只将用户感兴趣的个性化内容传递给用户，是非常必要的。为了实现个性化定制，移动用户数据库的建设是基础条件，而任何一个使用移动服务的用户都拥有能唯一标识的SIM智能卡。该卡就充当了移动数据库的功能，用户使用的服务项目、资费等信息均被运营商记录存储下来，那么这些私人化的信息就为成功开展客户定制服务提供了保证。

由以上移动商务的特点可知，对于用户而言，移动商务会提高个人生活的方便性、自由性与个人化；而对于企业而言，企业也可以引入移动商务，来增加顾客信息的正确性与高效性，并借助精准的客户分析来提高客户忠诚度。

二、移动商务的基本结构

在移动商务的基本结构中定义了几个功能层，从而简化了设计和开发过程，以便于商家和用户制定经营策略并建立移动商务应用，如图1-2所示。

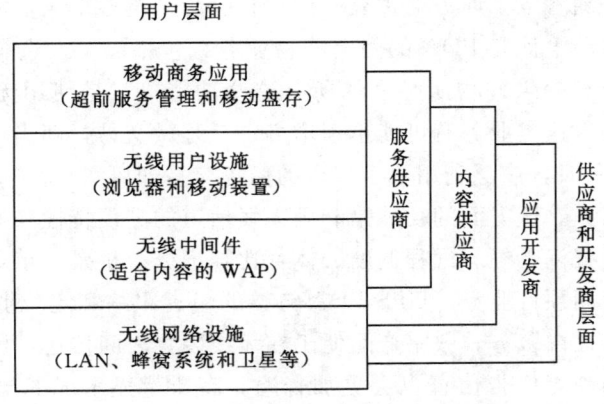

图1-2 移动商务的基本结构

从供应商和开发商层面看，基本结构中包括了 3 个功能层，主要是体现不同需求和作用。而从用户层面看，则包括 4 个功能层，其作用如下：

（1）移动商务应用。许多新的应用如超前服务管理和移动盘存等将有可能成为现实，部分现有的电子商务应用经过改进也可用于移动环境。

（2）无线用户设施。移动商务应用的设计需考虑用户设施，如浏览器和移动装置的能力。

（3）无线中间件。由于中间件能够包含许多网络应用功能，同时提供统一、便于使用的界面，所以，它对于开发移动商务应用将起到极其重要的作用。

（4）无线网络设施。在移动商务中，服务质量是至关重要的，这主要取决于 LAN、蜂窝系统、卫星等网络资源和能力。

移动商务的应用领域非常广泛，如移动盘存管理、产品定位、超前服务管理、交易管理、内容提供服务等。

（1）移动盘存管理。跟踪货物、服务甚至人员所处位置，以便供应商能够确定送货时间，由此改善用户服务，并增强商家的竞争力。移动盘存管理的成功取决于成本、无线设施的可靠性和用户使用新技术的能力。潜在的用户包括航运公司、配件厂商、航空公司和其他大宗物资运输公司等。

（2）产品定位。就一般商务而言，用户在某个特定地区内寻找特定规格的物品，可能要走访销售该物品的多家商店，耗费大量时间和精力。然而，在移动商务中，用户使用诸如被移动装置访问过的产品数据库和销售这种产品的商店，产品定位服务功能便可向中央数据库发出查询信号，从而在距用户最近的商店内找到所需要的物品。

（3）超前服务管理。这一功能是通过各种应用程序收集用户的需求信息，而后通知商家提供服务。例如，某种应用程序可以收集汽车部件老化的信息，即汽车上的智能传感器连续跟踪部件的磨损和破裂信息，并通过无线电、微波或卫星系统把该信息送给供应商，从而使供应商为用户提供即时服务。同时，汽车制造商还可以利用这些信息改进汽车设计和制造技术，从而提供超前服务管理，当部件需要更换时及时提示车主。甚至在未来，警察部门也可以使用这种服务管理功能，保证执法任务途中的交通安全。

（4）交易管理。随着电子商务的发展，用户将会越来越多地凭借移动装置从事各种移动交易：一是适合移动电话和 PDA 的网上购物业务，包括浏览、选择、购买、付费和递送等，而购物网站能够提供购物所必需的所有这些功能；二是使用无线装置实时进行采购、服务和付费业务，这类业务有可能迅速增多；三是微交易，即当用户使用装有电子现金的移动电话或 PDA 时，广泛利用数字现金的商务交易即可实现。

（5）内容提供服务。这方面的功能是利用无线信道的分发特性来提供数字内容，其中包括信息浏览、即时查询天气、远程调度、体育比赛记分、机票、市场价格等动态信息以及目录服务。无线新闻预订业务、UPS PDA 链接的包裹跟踪和定位业务则是新涌现出来的具有代表性的内容提供服务。数字产品便于在无线装置之间传送，因此，传送音乐、软件、高清晰度图像和动态广告信息也会更加普遍。高质量显示屏的出现和传输带宽的加宽，无疑将促进新的视频应用的发展。

第四节　我国移动商务的发展

我国移动商务的发展有其自身的特征。与国外不同，我国电信行业受政府保护，再加上移动运营的固定成本投资巨大，进入门槛比较高，形成相对垄断的局面。

最显著的特点是，国内的运营商在整个价值链上处于核心地位，它们发挥的作用也不仅仅局限于运营移动网络，还充当着无线网络接入提供商、无线门户运营商等多种角色，而且还有向价值链上游和下游延伸的趋势。运营商拥有自身的移动网络，并且占有巨大的客户资源，从而使其在整个行业中占据主导地位，其他参与者必须依附运营商才能生存发展。这也导致国内的运营商不仅是商业实体，而且从某种意义上来说，还充当了行业管理者的角色。

我国移动商务的另一大特点是在众多移动服务中短信服务最为流行。国内手机用户除了利用短信、微信进行日常交流外，还可以参与电视、电台节目，定制各类服务，包括音乐、影视、游戏、书籍以及各类资讯信息；可以进行手机理财、手机缴费、购买数字点卡、机票、电影票、彩票、保险、网上教育、软件等产品。短信服务的种类多样性、费用的经济性和使用的方便性，促进了国内"拇指"经济的飞速发展。

但从另一方面来看，"拇指"经济的发达也说明了我国移动商务的应用还处于低级阶段。由于我国移动数据传输业务在速度上还不令人满意，而且数据传输的费用较高，导致多媒体业务还没有被广大用户接受和认可。但随着通信技术的发展，数据传输速率必定大大增加，部分短信业务将演变为多媒体业务，逐步推动移动商务向高层次发展。

此外，用户进行移动商务的典型工具——手机，使用简便，各个阶层的人都容易接受，尤其在我国地域广泛、人口众多的农村，手机也已经普及，这表明无论从用户群数量，还是从市场范围来讲，移动商务的市场都比电子商务的市场大得多。这也是我国移动商务的一个重要特征。

移动电话的使用让电子商务的开展摆脱了地理位置的限制，使商家对客户的服务无处不在。在预先定位的基础上，广告商可以选择用户感兴趣的或能满足用户当前需要的信息，确保消费者所接受的就是他所想要的。通过对广告的成功定位，广告商可以获得较高的广告阅读率。同时，商家可以通过基于地理位置的服务产生来巩固虚拟社区，以满足客户进行社交、与人沟通的需求。

移动商务的这些特征对于企业来说不仅意味着机遇，同时也是一种挑战。它突破了互联网的局限（有线），充分运用其移动性消除了时间和地域的限制，使得企业与顾客能够更加直接、高效地进行信息互动，使企业及时把握市场动态和动向。

与传统电子商务整体发展水平偏低的状况相比，我国移动商务的前景要乐观得多。我国庞大的手机用户人群和手机用户的高速度增长是移动商务在我国发展的基础。我国移动商务之所以发展如此迅速，是有其深层原因的：

（1）社会化大生产和市场经济以及全球经济一体化的发展，需要新的商务模式，尤其是不受地点和时间、不受气候和环境限制的移动商务。

第一章 移动商务概述

(2) 我国经济持续稳定增长，人民收入水平提高，使持有移动电话有了一定的物质基础。

(3) 国家的扶植政策使移动商务迅速发展成为可能。

(4) 复杂的自然地理环境和多发的自然灾害使我国发展移动商务比发展有线的电子商务更有意义。我国地域辽阔，地质条件复杂，架设有线线路和敷设光缆成本高、组网难，形成规模经营更难。而这些地区经济正在启动，资源有待开发，产品需要外销，因而移动商务比较适用。

思考与练习

1. 简述移动商务的概念。
2. 移动商务的模式有哪些？
3. 简述移动商务发展的历史阶段。

第二章

移动商务技术

【学习目标与要求】
了解移动商务的主要技术，移动操作系统的种类及其特点，云计算、大数据、物联网的概念及其技术，掌握二维码技术的主要应用、RFID 的基本原理、LBS 技术、HTML5 技术。

【学习重点】
二维码技术、RFID 技术。

【学习难点】
物联网技术、HTML5 技术。

第一节　移动智能终端设备及其操作系统

一、移动智能终端设备

移动智能终端设备指可以移动使用的智能计算机设备，其拥有接入互联网的能力，通常搭载各种操作系统，可根据用户需求定制各种功能。现代的移动终端已经拥有极为强大的处理能力、内存、固化存储介质以及像电脑一样的操作系统。是一个完整的超小型计算机系统，可以完成复杂的处理任务。移动终端也拥有非常丰富的通信方式，既可以通过 GSM、CDMA、WCDMA、EDGE、3G、4G 等无线运营网通信，也可以通过无线局域网、蓝牙和红外进行通信。

截至 2018 年第一季度，我国移动智能终端规模达到 14.5 亿台。2016Q1～2018Q1 中国移动智能终端规模如图 2-1 所示。

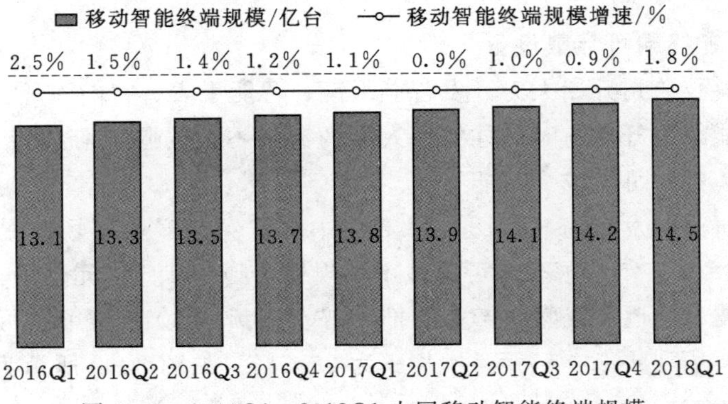

图 2-1　2016Q1～2018Q1 中国移动智能终端规模

（一）智能手机

智能手机拥有出色性能并具备独立系统，支持 3G 无线网络。智能手机的最大特色是功能类似于电脑；手机程序实现后台化运行；支持海量应用软件扩展等。如今的智能手机更偏向大屏幕，支持多点触控触摸，海量应用安装，娱乐性更强，功能更趋向于电脑化。

截至 2016 年 12 月，我国移动智能终端规模达 13.7 亿台，根据国家统计局的最新数据显示，2016 年中国人口约 13.83 亿人，约人均 1 台智能终端设备。国产品牌比例达到 62.4%，主要品牌有华为、联想、中兴、小米、努比亚、乐视、奇酷等。目前手机已发展到 4G 时代。

（二）笔记本电脑

笔记本电脑是台式 PC 的微缩与延伸，也是用户对电脑产品更高需要的必然产物。其发展趋势是体积越来越小，重量越来越轻，功能却越来越强大。其便携性和备用电源使移动办公成为可能，因此市场容量迅速扩展。

（三）PDA 智能终端

PDA 智能终端又称为掌上电脑，它在许多方面和台式机相像。例如，它同样有 CPU、存储器、显示芯片以及操作系统等。掌上电脑和台式机的区别就是一个可以在移动中进行个人数据处理，一个是在固定点进行个人数据处理。掌上电脑可以帮助我们完成在移动中工作、学习和娱乐等。按使用来分类，可分为工业级 PDA 和消费品 PDA。广泛用于鞋服、快消、速递等多个行业的数据采集，支持 BT、GPRS、3G、4G、Wi-Fi 等无线网络通信。

（四）平板电脑

平板电脑是一种小型、方便携带的个人计算机，以触摸屏作为基本的输入设备。它拥有的触摸屏（也称为数字板技术）允许用户通过触控笔或数字笔来进行作业而不是传统的键盘或鼠标。

（五）车载智能终端

车载智能终端具备 GPS 定位、车辆导航、采集和诊断故障信息等功能，在新一代汽车行业中得到了大量应用，能对车辆进行现代化管理，车载智能终端将在智能交通中发挥更大的作用。

（六）移动智能终端可穿戴设备

越来越多的科技公司开始大力开发智能眼镜、智能手表、智能手环、智能戒指等可穿戴设备产品。智能终端开始与时尚挂钩，人们的需求不再局限于可携带，更追求可穿戴，手表、戒指、眼镜都有可能成为智能终端。

据中商产业研究院发布的《2018—2023 年中国可穿戴产业市场前景及投资机会研究报告》数据显示，2017 年中国智能可穿戴市场规模达到 352.6 亿元，增长率达到 35.7%。随着可穿戴行业技术的逐步成熟、产业的推广普及，预计 2018 年中国可穿戴市场将进一步扩大，市场规模达到 446.0 亿元，增长率为 26.5%。如图 2-2 所示为中国智能穿戴设备市场规模及预测。

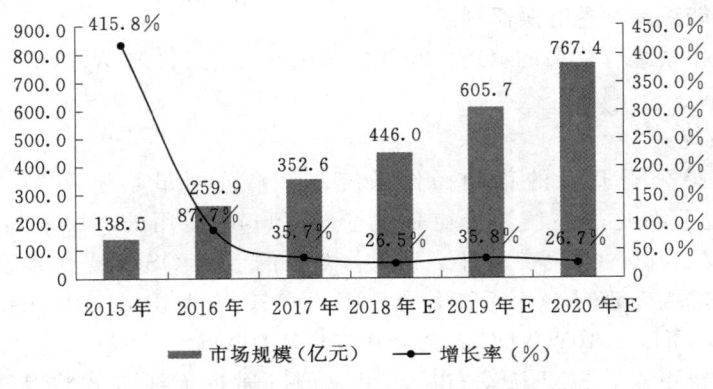

图2-2 中国智能穿戴设备市场规模及预测

二、移动智能终端应用案例

(一) 数字会议桌面智能终端

随着当今科技的飞速发展,人们对智能化会议室建设要求逐渐提高,老式的会议形式已无法适应现代化会议系统的要求,现代化的会议系统要求"网络化、数字化、智能化、集成化"。数字会议桌面智能终端系统就是在以"四化"为核心的基础上不断创新,集成了IT技术、数字化技术、网络化技术、微电子技术、计算机的交互性、通信的分布性、通信技术等多项技术,实现了人与人、人与机、机与机之间相互联络,营造交互式的会议环境。

与传统会议系统相比,以往要实现一些会议功能,就要买单独的设备,例如,人名显示要用电子桌牌显示系统;会议签到就要用签到系统;呼叫要用呼叫系统;投票要用投票系统,会议室桌面设备五花八门,桌面混乱不堪,布线错综复杂,且重复投入浪费资源。针对这些问题,广州奥荣电子科技有限公司在"电子桌牌显示系统"基础上,推出了"数字会议桌面智能终端系统"。

这套系统高度集成了电子桌牌显示、音视频播放、会议签到、投票表决、信息收发、呼叫服务、图片显示、会议内容、资料共享、上网、计时服务、Office办公、会议日程等会议的控制管理和服务,充分考虑系统的高性价比、实用性、安全性、可靠性,迎合了网络化、数字化、智能化、集成化的会议系统发展趋势,并充分考虑了今后设备升级换代以及扩展的可能。此系列产品具有极高的可靠性和可操作性,满足现代会议的一切管理需求,即使非专业人员在场的情况下也能保证会议的顺利进行。目前已广泛运用在政府、军队、人防、电力、水力、烟草、交通、电信、税务、集团公司、高档大酒店等多个领域。

(二) 金融智能终端机

金融智能终端机覆盖金融服务网点网络,覆盖社区和各商家,用户在家门口即可完成还款、付款、缴费、充值、转账等日常金融业务,从而缓解银行柜面压力,解决用户在银行营业厅的排队难题。智能终端机商家主要通过消费者刷卡支付商户消费款的手续费获得利润,银行获取的终端消费利润与智能终端机商家以配股比例进行分红,使得智能终端机商家获取高额利润。

三、移动智能终端设备的操作系统

移动终端操作系统有苹果的 iOS、谷歌的 Android、惠普的 WebOS、开源的 MeeGo 及微软的 Windows。

（一）iOS 系统

iOS 是由苹果公司开发的移动操作系统。苹果公司最早于 2007 年 1 月 9 日的 Macworld 大会上公布这个系统，最初是设计给 iPhone 使用的，后来陆续套用到 iPod touch、iPad 以及 Apple TV 等产品上。iOS 与苹果的 Mac OS X 操作系统一样，属于类 Unix 的商业操作系统。原本这个系统名为 iPhone OS，因为 iPad、iPhone、iPod touch 都使用 iPhone OS，所以 2010WWDC 大会上宣布改名为 iOS。

iOS 可以免费更新。有更新发布后，用户可以通过无线方式将其下载到 iPhone、iPad、iPod touch。设备甚至可以适时提醒用户下载最新的版本，因此不会错过更新中的所有功能。2017 年 6 月的新版本是 iOS11 Beta2。

（二）Android 系统

Android 是一种基于 Linux 的自由及开放源代码的操作系统，主要使用于移动设备，如智能手机和平板电脑，由 Google 公司和开放手机联盟领导及开发。Android 一词的本义指机器人，同时也是 Google 于 2007 年 11 月 5 日宣布的基于 Linux 平台的开源手机操作系统的名称，该平台由操作系统、中间件、用户界面和应用软件组成。

Android 的系统架构和其操作系统一样，采用了分层的架构。Android 分为四个层，从高层到低层分别是应用程序、应用程序框架、系统运行库和 Linux 内核。

（1）应用程序。Android 会同一系列核心应用程序包一起发布，该应用程序包包括客户端、SMS 短消息程序、日历、地图、浏览器、联系人管理程序等。所有的应用程序都是使用 Java 语言编写的。

（2）应用程序框架。开发人员也可以完全访问核心应用程序所使用的 API 框架。该应用程序的架构设计简化了组件的重用，任何一个应用程序都可以发布它的功能块并且任何其他的应用程序都可以使用其所发布的功能块（需要遵循框架的安全性）。同样，该应用程序重用机制也使用户可以方便地替换程序组件。

（3）系统运行库。Android 包含一些 C/C++ 库，这些库能被 Android 系统中不同的组件使用。它们通过 Android 应用程序框架为开发者提供服务。

（4）Linux 内核。Android 是运行于 Linux kernel 之上。Android 的 Linux kernel 控制包括安全（Security）、存储器管理（Memory Management）、程序管理（Process Management）、网络堆栈（Network Stack）、驱动程序模型（Driver Model）等。下载 Android 源码之前，先要安装其构建工具 Repo 来初始化源码。Repo 是 Android 用来辅助 Git 工作的一个工具。

（三）WebOS 系统

Palm WebOS 是一个嵌入式操作系统，以 Linux 内核为主体并加上部分 Palm 公司开发的专有软件。它主要是为 Palm 智能手机而开发。该平台于 2009 年 1 月 8 日在拉斯维加斯国际消费电子展宣布给公众，并于 2009 年 6 月 6 日发布。该平台是事实上的 PalmOS 继任者，WebOS 将在线社交网络和 Web 2.0 一体化作为重点。第一款搭载 WebOS 系统的智能手机是 Palm Pre，于 2009 年 6 月 6 日发售。由于 Palm 被惠普公司收购，WebOS 被收归惠普公司旗下。2011 年 8 月 19 日凌晨，在惠普公司第三季度财报会议上，惠普公司宣布正式放弃围绕 TouchPad 平板电脑和 WebOS 手机的所有运营。

（四）MeeGo 系统

MeeGo 是一种基于 Linux 的自由及开放源代码的便携设备操作系统。它在 2010 年 2 月的全球移动通信大会中发布，主要推动者为诺基亚与英特尔。MeeGo 融合了诺基亚的 Maemo 及英特尔的 Moblin 平台，并由 Linux 基金会主导。MeeGo 主要定位在移动设备、家电数码等消费类电子产品市场，可用于智能手机、平板电脑、上网本、智能电视和车载系统等平台。2011 年 9 月 28 日，继诺基亚宣布放弃开发 MeeGo 之后，英特尔也正式宣布将 MeeGo 与 LiMo 合并成为新的系统——Tizen。2012 年 7 月，在诺基亚的支持下，Jolla Mobile 公司成立。并基于 MeeGo 研发 sailfish OS，将发布新一代 Jolla 手机。

（五）Windows 系统

Microsoft Windows 是美国微软公司研发的一套操作系统，它问世于 1985 年，起初仅仅是 Microsoft-DOS 模拟环境，后续的系统版本由于微软不断地更新升级，不但易用，也慢慢地成为人们最喜爱的操作系统。

第二节　二维码与 RFID 技术

一、二维码

（一）二维码的起源

二维码技术诞生于 20 世纪 80 年代，但得到实际应用和迅速发展还是在近 20 年间。经过 20 年的推广应用，在传统行业的信息管理和信息交换领域发挥了巨大作用。如果说一维码对工业发展产生了巨大贡献的话，二维码由于其具有的独特优势，能够对社会的经济发展贡献更多。

二维码技术是在一维码无法满足实际应用需求的前提下产生的。由于受信息容量的限制，一维码通常是对物品的标志，而不是对物品的描述。所谓对物品的标志，就是给某物品分配一个代码，代码以条码的形式标志在物品上，用来标志该物品以便自动扫描设备的识读，代码或一维码本身不表示该产品的描述性信息。

因此，在通用商品条码的应用系统中，对商品信息，如生产日期、价格等的描述必须依赖数据库的支持。在没有预先建立商品数据库或不便联网的地方，一维码表示汉字和图像信息几乎是不可能的，即使可以表示，也显得十分不便且效率很低。随着现代高新技术的发展，迫切需要用条码在有限的几何空间内表示更多的信息，以满足千变万化的信息表示的需要。因此二维码技术应运而生。二维码条码是一种高密度、高信息含量的便携式数据文件，是实现证件及卡片等大容量、高可靠性信息自动存储、携带并可用机器自动识读的理想手段，而且可以记载更复杂的数据，如图片等。

（二）二维码的编码原理

二维码可以分为堆叠式/行排式二维码和矩阵式二维码。堆叠式/行排式二维码形态上是由多行短截的一维码堆叠而成；矩阵式二维码以矩阵的形式组成，在矩阵相应元素位置上用"点"表示二进制"1",用"空"表示二进制"0",由"点"和"空"的排列组成代码。

1. 堆叠式/行排式二维码

堆叠式/行排式二维码又称为堆积式二维码或层排式二维码,其编码原理是建立在一维码基础之上,按需要堆积成两行或多行。它在编码设计、校验原理、识读方式等方面继承了一维码的一些特点,识读设备与条码印刷与一维码技术兼容。但由于行数的增加,需要对行进行判定,其译码算法与软件也不完全相同于一维码。有代表性的行排式二维码有CODE49、CODE 16K、PDF417等。

2. 矩阵式二维码

矩阵式二维码又称为棋盘式二维码,是在一个矩形空间通过黑、白像素在矩阵中的不同分布进行编码。在矩阵相应元素位置上,用点(方点、圆点或其他形状)的出现表示二进制"1",点的不出现表示二进制"0",点的排列组合确定了矩阵式二维码所代表的意义。矩阵式二维码是建立在计算机图像处理技术、组合编码原理等基础上的一种新型图形符号自动识读处理码制。具有代表性的矩阵式二维码有 Code One、Maxi Code、QR Code、Data Matrix 等。

在目前几十种二维码中,常用的码制有:PDF417 二维码、Data Matrix 二维码、Maxi Code 二维码、QR Code、Code 49、Code 16K、Code One 等,除了这些常见的二维码之外,还有 Vericode 条码、CP 条码、Codablock F 条码、田字码、Ultracode 条码、Aztec 条码。

(三)二维码的特点

二维码既保留了一维码的特点,同时又对其功能进行了扩展。概括起来二维码具有以下几大特点:

(1) 高密度编码。信息容量大。

(2) 编码范围广。可以把图片、声音、文字、签字、指纹等以数字化的信息进行编码,用条码表示出来。

(3) 保密、防伪性能好。采用密码防伪、软件加密及利用所包含的信息如指纹、照片等进行防伪。

(4) 译码可靠性高。二维码条码的误码率不超过千万分之一,译码可靠性极高。

(5) 修正错误能力强。如果破损面积不超过50%,条码由于沾污、破损等所丢失的信息,可以照常破译出丢失的信息。

(6) 成本低,易制作,持久耐用。容易制作且成本很低,利用现有的点阵、激光、喷墨、热敏或热转印、制卡机等打印技术,即可在纸张、卡片、PVC,甚至金属表面上印出二维码。

(7) 条码符号形状、尺寸大小比例可变。

(8) 易识别。二维条码三个定位点提供读码机辨识,二维条码不管是从何种方向读取都易被辨识。

(四)二维码技术营销优势

二维码具有快捷、别致、易于传达的特点,与手机的结合使二维码得到更为广泛的使用。

1. 运营成本低，作用好

二维码营销比较于媒体广告、传单广告等，有着成本优势。二维码的呈现大大削减版面数量，降低了印刷成本，不管企业规模的细节还是企业经营方向，都可以使用二维码进行营销，给本企业提供的物品、服务做宣扬，提升企业的知名度。

2. 构思广告，精确定位

二维码营销是一种比较新式营销办法，可以有用传递数据，不受时间、地域的约束。二维码营销凭借智能手机设备，商家可以使用网络获取扫码的相关信息，得出数据量，再使用数据发掘技术概括出消费者的消费习惯、重视的范畴等，依据阅读记载统计营销作用，依据其消费行为特征对消费者进行精确定位，可以完成精准营销投放。

3. 跨过线上线下空间立体营销

商家使用各种优惠措施鼓励用户扫描二维码，用户扫码后立刻进行重视，经过流量转化，其中一部分潜在的消费者就会变成线下的实际消费者。一些商家也可以依据流量转化率及时调整商场方向。二维码变成实体店和网上出售的关键进口，跨过了实体、虚拟空间，拉近了各类商家和消费者之间的距离。

4. 可以与传统的广告、企业活动宣传完美结合

现在许多广告或电视节目都会结合二维码，来吸引客户对二维码进行扫描。在举行企业活动的时候，也可以将印有二维码的广告展现在显著的地方。这样二维码就与传统的广告以及企业活动完美结合起来了。

（五）二维码的应用案例

数据显示，当前全球将近九成的二维码个人用户出自中国，这足以说明我国已经变成了名副其实的二维码大国。《中国二维码行业市场前瞻与投资战略规划分析报告》显示，在国家大力推动信息化建设的背景之下，随着 5G 行业与物联网的快速兴起，二维码的普及度还将会进一步提高，其应用也会朝着更加多元化发展。将二维码大数据作为重点的发展方向之一，用户社会管理、医疗救助、健康大数据以及个人身份、物体信息辨别等。

1. 网上购物，一扫即得

国内的二维码购物最早起源于一号店。目前国内一些大城市的地铁通道里，已经有二维码商品墙，消费者可以边等地铁边逛超市，看中哪个扫描哪个，然后通过手机支付，直接下单。如果是宅在家里，家里的米、面、油、沐浴露等用完了，只要拿起包装，对着商品的二维码一扫，马上可以查到哪里在促销、价格是多少，一目了然。而且通过二维码购物，产品的二维码直接标示了产品的身份证，扫描后调出的产品真实有效，保障了购物安全。将来，二维码加上 O2O，实体店将变成网购体验店。因此，实体店可能更多的是设在顾客方便的地方，如公交站甚至是居民区，而不是商业中心。

2. 消费打折，有码为证

凭二维码可享受消费打折，是目前业内应用最广泛的方式。例如，商家通过短信方式将电子优惠券、电子票发送到顾客手机上，顾客进行消费时，只要向商家展示手机上的二维码优惠券，并通过商家的识读终端扫码、验证，就可以得到优惠。2016 年 7 月，海南蕉农在香蕉滞销时，与淘宝合作进行网上团购促销，网友在网上预订，网下凭手机二维码

提货，成功化解香蕉危机。2017 年 9 月，在成都春熙路上的钟表文化节中，依波表举办了限时扫码活动，在规定的时间内，在现场扫描二维码折扣，顾客就能以折扣价购买手表。目前，腾讯也推出了针对 iPhone 和安卓的微信会员卡，会员只需用手机扫描商家的二维码，就能获得一张存储于微信中的电子会员卡，享受折扣服务。

3. 二维码付款，简单便捷

支付宝公司推出二维码收款业务，所有支付宝用户均可免费领取"向我付款"的二维码，消费者只需打开手机客户端的扫码功能，扫描二维码，即可跳转至付款页面，付款成功后，收款人会收到短信及客户端通知。在福州，有一家华威出租车公司开通了支付宝，打车到目的地后，顾客拿出手机，扫描车内的二维码车贴，手机自动跳转到支付页面，然后按照计价器上的车费输入金额，整个付款过程只要 20 多秒。在星巴克，可以把预付卡和手机绑定，通过扫二维码快捷支付，不用再排长队付款。

4. 资讯阅读，实现延伸

过去，报纸、电视以及其他媒体上的内容，限于媒体介质的特性，是静态的，无法延伸阅读。二维码出现以后，模糊了这种界限，实现了跨媒体阅读。例如，在报纸上某则新闻旁边放一个二维码，读者扫描后可以阅读新闻的更多信息，如采访录音、视频录像、图片动漫等。《骑车游北京》一书便设置了二维码，通过手机扫描即可快速登录书中所述网址，可以实现图书、手机上网的时时互动。另外，户外广告、单页广告都可以加印二维码，感兴趣的客户只要用手机一扫，即可快速了解更详细内容，甚至与广告商互动。

5. 二维码管理生产，质量监控有保障

条码在产品制造过程中的应用已非常普遍。二维码因为可以存储更多信息，因此，在产品制造过程应用更为深入。例如，在汽车制造中，DPM 二维码（直接零部件标刻二维码，可用针式打标机、激光打标机、喷码机甚至化学蚀刻）技术现已在美国汽车行业得到广泛应用，美国汽车制造业协会还专门制定了相关标准，从发动机的钢体、钢盖、曲轴、连杆、凸轮轴到变速箱的阀体、阀座、阀盖，再到离合器的关键零部件及电子点火器和安全气囊。从而使得生产加工质量得以全程跟踪，同时由于跟踪了生产过程中的加工设备，使得其原生产线变成了柔性生产线，可生产多品种产品，并为制造执行系统管理的实现提供了完整数据平台。

6. 食品采用二维码溯源，吃得放心

将食品的生产和物流信息加载在二维码里，可实现对食品追踪溯源，消费者只需用手机一扫，就能查询食品从生产到销售的所有流程。在青岛，肉类和蔬菜的二维码追溯体系已在利群集团投入使用。市民用手机扫描肉菜的二维码标签，即可显示肉菜的流通过程和食品安全信息。在武汉，中百仓储的蔬菜包装上，除了单价、总量、总价等信息外，还有二维码，扫描二维码后可以追溯蔬菜生产、流通环节的各种信息，如施了几次肥、打了几次农药、何时采摘、怎么运输等。

7. 二维码电子票务，实现验票、调控一体化

火车票上加入了二维码，大家已经知道。由此还可以延伸，景点门票、展会门票、演出门票、飞机票、电影票等都可以通过二维码实现完全的电子化。例如，用户通过网络购票，完成网上支付，手机就可以收到二维码电子票，用户可以自行打印或保存在手机上，

作为入场凭证，验票者只需通过设备识读二维码，即可快速验票，大大降低票务耗材和人工成本。在苏州拙政园、虎丘景区，由税务部门统一监制的二维码电子门票，一票一码，用后作废。而且，景点当天出售的所有门票都要先激活，即只有从售票处售出的门票才能通关入园。并且激活是有时效的，也利于控制人数，避免黄金周的爆棚。2012年5月17日，在重庆武隆仙女山景区，使用二维码电子票，还可以享受5折优惠。

8. 二维码管理交通参与者，能够强化监控

二维码在交通管理中可应用在管理车辆本身的信息、行车证、驾驶证、年审、保险、电子眼等。例如，采用印有二维码的行车证，将有关车辆的基本信息，包括车架号、发动机号、车型、颜色等车辆信息转化保存在二维码中，交警在查车时，就不需要再呼叫总台协助了，直接扫描车辆的二维码即可。以二维码为基本信息载体，还可以建立全国性的车辆监控网络。

9. 证照应用二维码，有利于防伪防盗版

在日本、韩国等国家，个人名片普遍采用二维码。传统纸质名片携带、存储都非常不方便。而在名片上加印二维码，客户拿到名片以后，用手机直接一扫描，便可将名片上的姓名、联系方式、电子邮件、公司地址等存入到手机中，并且还可以直接调用手机功能，拨打电话，发送电子邮件等。目前，国内已有此类应用，如银河联动、灵动快拍等二维码公司。其实，举一反三，身份证、护照、驾驶证、军官证等证照资料均可以加入二维码，不仅利于查证，还利于防伪。

10. 会议签到二维码，简单高效低成本

目前，很多大型会议由于来宾众多，签到非常烦琐，花费很多时间，也很容易鱼龙混杂。如果采用二维码签到以后，主办方向参会人员发送二维码电子邀请票、邀请函，来宾签到时，只需扫描验证通过即可完成会议签到，整个签到过程无纸化、低碳环保、高效便捷、省时省力。省去了过去传统中签名、填表、会后再整理信息的麻烦。

二、RFID 技术

(一) RFID 技术的概述

RFID（Radio Frequency Identification）即射频识别，俗称电子标签。

RFID 技术是一种非接触式的自动识别技术，它通过射频信号自动识别目标对象并获取相关数据，识别工作无须人工干预，可工作于各种恶劣环境。RFID 技术可识别高速运动的动物体并可同时识别多个标签，操作快捷方便。

RFID 技术最早的应用可追溯到第二次世界大战中飞机的敌我目标识别，1948 年提出相关技术理论，1950 年开始有专利发明，1975 年 RFID 科技正式公之于市。

RFID 技术得到重视的时间还要追溯到 2003 年 6 月 19 日，当时沃尔玛在美国芝加哥召开的"零售业系统展览会"上，提出它最大的 100 家供应商在 2005 年 1 月 1 日之前在所供应的货盘上粘贴 RFID 标签，并逐渐扩大到单件产品。

近年来，随着大规模集成电路、网络通信、信息安全等技术的发展，RFID 技术进入商业化应用阶段。

(二) RFID 技术发展概况

1941—1950 年，雷达的改进和应用催生了 RFID 技术，1948 年奠定了 RFID 技术的

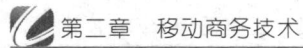 第二章 移动商务技术

理论基础。

1951—1960年，早期RFID技术的探索阶段，主要处于实验室实验研究。

1961—1970年，RFID技术的理论得到了发展，开始了一些应用尝试。

1971—1980年，RFID技术与产品研发处于一个大发展时期，各种RFID技术测试得到加速。出现了一些最早的RFID应用。

1981—1990年，RFID技术及产品进入商业应用阶段，各种规模应用开始出现。

1991—2000年，RFID技术标准化问题得到重视，RFID产品得到广泛采用，RFID产品逐渐成为人们生活中的一部分。

2001年至今，标准化问题日趋为人们所重视，RFID产品种类更加丰富，有源电子标签、无源电子标签及半无源电子标签均得到发展，电子标签成本不断降低，规模应用行业扩大。

RFID技术的理论得到丰富和完善。单芯片电子标签、多电子标签识读、无线可读可写、无源电子标签的远距离识别、适应高速移动物体的RFID正在成为现实。

2006年由中华人民共和国科学技术部等15个部委联合发布了《中国射频识别（RFID）技术政策白皮书》，为我国RFID技术与产业未来发展指明了方向。我国的RFID产业发展将分3个阶段实施：培育期（2006—2008年）、成长期（2008—2012年）和成熟期（2012年以后）。

（三）RFID系统构成

RFID系统由以下几个部分构成：信号发射机——标签（Tag）、信号接收机——阅读器（Reader）、编程器（Programmer）、发射接收天线——天线（Antenna）和计算机网络系统。

（四）RFID工作原理及流程

1. 工作原理

标签进入磁场后，接收解读器发出的射频信号，凭借感应电流所获得的能量发送出存储在RFID芯片中的产品信息（Passive Tag，无源标签或被动标签），或者主动发送某一频率的信号（Active Tag，有源标签或主动标签）；解读器读取信息并解码后，送至中央信息系统进行有关数据处理。

在实际应用中，标签附着在待识别物体的表面，阅读器可无接触地读取并识别电子标签中所保存的电子数据，从而达到自动识别的目的。通常阅读器与电脑相连，所读取的标签信息被传送到电脑上进行下一步处理。

2. 工作流程

（1）读写器将无线电载波信号经过发射天线向外发射。

（2）当电子标签进入发射天线的工作区域时，电子标签被激活，将自身信息的代码经过天线发射出去。

（3）系统的接收天线接收电子标签发出的载波信号，经天线的调节器传输给读写器。读写器对接收到的信号进行解调解码，送往后台的电脑控制器。

（4）电脑控制器根据逻辑运算判断该标签的合法性，针对不同的设定做出相应的处理和控制，发出指令信号控制执行机构的动作。

（5）执行机构按照电脑的指令动作。

（6）通过计算机通信网络将各个监控点连接起来，构成总信息平台，可以根据不同的项目设计不同的软件来完成要实现的功能。

（五）RFID 技术的优势

（1）数据的无线读写和穿透。电子标签识别更准确，识别的距离更灵活。可以做到穿透性和无屏障阅读。

（2）数据的记忆体容量。RFID 最大的容量则有数兆字节，随着记忆载体的发展，数据容量也有不断扩大的趋势。

（3）耐环境性。RFID 对水、油和化学药品等物质具有很强抵抗性；RFID 卷标是将数据存在芯片中，因此可以免受污损。

（4）可重复使用。RFID 标签可以重复地新增、修改、删除 RFID 卷标内储存的数据，方便信息的更新。

（5）体积小型化、形状多样化。RFID 在读取上并不受尺寸大小与形状限制，不需为了读取精确度而配合纸张的固定尺寸和印刷品质。此外，RFID 标签更可往小型化与多样形态发展，以应用于不同产品。

（6）安全性。RFID 承载的是电子式信息，其数据内容可由密码保护。

（六）RFID 系统分类

RFID 可分为电子商品防窃（盗）系统（Electronic Article Surveillance，EAS）、便携式数据采集系统、物流控制系统和定位系统。

1. EAS 系统

EAS 组成：附着在商品上的电子标签、电子传感器；电子标签灭活装置，以便授权商品能正常出入；监视器，在出口造成一定区域的监视空间。

EAS 工作原理：在监视区，发射器以一定的频率向接收器发射信号。发射器与接收器一般安装在零售店、图书馆的出入口，形成一定的监视空间。当具有特殊特征的标签进入该区域时，会对发射器发出的信号产生干扰，这种干扰信号也会被接收器接收，再经过微处理器的分析判断，就会控制警报器的鸣响。图 2-3 展示了安装 RFID 系统的出入口。

图 2-3　安装 RFID 系统的出入口

图 2-4　手持式数据采集器

2. 便携式数据采集系统

便携式数据采集系统使用带有 RFID 阅读器的手持式数据采集器采集 RFID 标签上的数据，适用于不宜安装固定式 RFID 系统的应用环境，如库存盘点（图 2-4）。

3. 物流控制系统

固定布置的 RFID 阅读器分散布置在给定的区域，并且阅读器直接与数据管理信息系统相连，信号发射机是移动的，一般安装在移动的物体或人上面。

当物体或人流经阅读器时，阅读器会自动扫描标签上的信息，并将数据信息输入数据管理信息系统存储、分析、处理，达到控制物流的目的。

4. 定位系统

定位系统用于自动化加工系统中的定位以及对车辆、轮船等进行运行定位支持。

阅读器放置在移动的车辆、轮船或者自动化流水线中移动的物料、半成品、成品上，信号发射机嵌入到操作环境的地表下面。

信号发射机上存储由位置识别信息，阅读器一般通过无线的或者有线的方式连接到主信息管理系统。

（七）RFID 技术应用范围

RFID 的应用领域非常广泛，包括交通运输、物流领域、信息、食品、医疗卫生、商品防伪、金融、养老、教育文化、智能家电、犯罪监视、安全管理、国防军事警备、图书档案管理、生态活动支援、消防及防灾、生活与个人利用等。

1. 高速公路自动收费与城区交通管理

目前，中国的高速公路自动收费系统是 RFID 技术最成功的应用之一。

2. 人员识别与物资跟踪

门禁卡可以应用射频卡，一卡可以多用，如做工作证、出入证、停车卡等，目的都是识别人员身份，实现安全管理、自动收费或上下班打卡，提高工作效率。

只要人员佩戴了封装成 ID 卡大小的射频卡，进出口有一台读写器，人员出入时自动识别身份，非法闯入会有警报。安全级别要求高的地方，还可以结合其他的识别方式，将指纹、掌纹或颜面特征存入射频卡。

射频卡还可以用于保护和跟踪财产。将射频卡贴在重要物资如计算机、传真机、文件、复印机或其他实验室用品上，公司可以自动跟踪管理这些有价值的财产，可以跟踪一个物品从某一建筑处离开，或是用报警的方式限制物品离开某地。结合 GPS 系统利用射频卡，还可以对货柜车、货舱等进行有效跟踪。

3. 仓库管理

将仓库管理系统与条码系统结合，可用于智能仓库货物管理，有效解决与仓库中货物流动有关的信息管理，不但可以增加一天内处理货物的件数，还监视这些货物的一切流动信息。

一般而言，射频卡贴在货物要通过的仓库大门边，读写器天线放在叉车上，每个货物都贴有条码，所有条码信息都被存储在仓库的中心计算机里，该货物的有关信息都能在计算机里查到。当货物被装走运往别处时，由另一读写器识别并告知计算中心它被放在哪个拖车上。

这样管理中心可以实时了解到已经生产了多少产品和发送了多少产品，并可自动识别货物，确定货物的位置。

4. 二代身份证上的应用

二代身份证拥有视读和机读两种方式，防伪性好，身份证和阅读器之间的通信是经过加密的。

5. 汽车防盗

汽车防盗也是射频识别技术的应用。已经开发出足够小的应答器，能够封装到汽车钥匙里。该钥匙中含有特定的应答器，在汽车上装有阅读器。当钥匙插入到点火器中时，阅读器能够辨识钥匙的身份。如果阅读器接收不到射频卡发送来的特定信号，汽车的引擎将不会发动。

（八）RFID 技术的应用案例

1. 铁道部的调度利器

我国铁路的车辆调度系统是应用 RFID 最成功的案例。铁道部在中国铁路车号自动识别系统建设中，推出了完全拥有自主知识产权的远距离自动识别系统。

在 20 世纪 90 年代中期，国内有多家研究机构参与了该项技术的研究，在多种实现方案中最终确定了 RFID 技术为解决"货车自动抄车号"的最佳方案。

过去，国内铁路车头的调度都是靠手工统计、手工进行，费人、费时还不够准确，造成资源极大浪费。铁道部在采用 RFID 技术以后，实现了统计的实时化、自动化，降低了管理成本，提高了资源利用率。据统计，每年的直接经济效益可以达到 3 亿多元人民币。

这是国内采用 RFID 唯一的一个全国性网络，但美中不足的是，这个系统目前还是封闭的，无法和其他系统相连接。如果这个系统开放，将有利于推动整个物流行业的信息化和标准化，有利于像 RFID 这样的技术得到更有效的应用，有利于物流全流通的整合。

2. 美国将 RFID 用于医院，防止手术失误

美国政府同意将无线射频电子标签像绷带一样贴到病人手术处，以确保医生对病人进行适当的手术。这种标签由 SurgiChip 公司生产，目的是为了防止出现手术失误。据记录，美国每年因手术失误而杀死数千病人。

病人的名字和手术位置被打印在 SurgiChip 的标签上。其内置的芯片还编码记录了手术的类型、手术日期和手术的名称。在实施手术之前，先对标签进行扫描，然后对病人进行询问来证实标签上的信息是否真实。到了手术日，在对病人实施麻醉之前，再次对标签进行扫描，并再次对病人进行验证。通过一种黏合剂将标签贴到病人实施手术的附近处。医院手术室工作人员再次对标签进行扫描，并与病人名册上的信息进行比对。在手术前，该标签将被取下。SurgiChip 包括标签、扫描仪、打印机和每个医院都需下载的版权软件在内的一整套设备费用约为几千美元。

第三节 LBS 技 术

一、LBS 技术的概述

LBS（Location Based Service）即基于位置的服务，它通过无线电通信网络或外部定

位方式，获取移动终端用户的位置信息，为用户提供相应服务的一种增值业务。对于 LBS 服务的价值，更多地体现在移动互联网的入口效应上。

LBS 定位服务又称为移动位置服务，它是通过电信移动运营商的网络（如 GSM 网、CDMA 网）获取移动终端用户的位置信息（经纬度坐标），在电子地图平台的支持下，为用户提供相应服务的一种增值业务。例如，找到手机用户的当前地理位置，然后在上海市 $6340km^2$ 范围内寻找手机用户当前位置 1km 范围内的宾馆、影院、图书馆、加油站等的名称和地址。LBS 需要借助互联网或无线网络，在固定用户或移动用户之间，完成定位和服务两大功能。

二、LBS 的构成

LBS 由移动通信网络和计算机网络结合而成，两个网络之间通过网关实现交互。移动终端通过移动通信网络发出请求，经过网关传递给 LBS 服务平台；服务平台根据用户请求和用户当前位置进行处理，并将结果通过网关返回给用户。其中移动终端可以是移动电话、个人数字助理、手持计算机，也可以是通过 Internet 通信的台式计算机。

三、LBS 的特点

（一）要求覆盖率高

LBS 一方面要求覆盖的范围足够大；另一方面要求覆盖的范围包括室内。用户大部分时间是在室内使用该功能，从高层建筑和地下设施必须保证覆盖到每个角落。根据覆盖率的范围，可以分为三种覆盖率的定位服务即：整个本地网、覆盖部分本地网和提供漫游网络服务。除了考虑覆盖率外，网络结构和动态变化的环境因素也可能使一个电信运营商无法保证在本地网络或漫游网络中的服务。

（二）定位精度

手机定位应该根据用户服务需求的不同提供不同的定位精度服务，并可以提供给用户选择精度的权利。例如，美国 FCC 推出的定位精度在 50m 以内的概率为 67%，定位精度在 150m 以内的概率为 95%。定位精度一方面与采用的定位技术有关，另外还要取决于提供业务的外部环境，包括无线电传播环境、基站的密度和地理位置以及定位所用设备等。

移动位置服务被认为是继短信之后的杀手级业务之一，有着巨大的市场规模和良好的盈利前景，但实际进展比较缓慢。不过，随着产业链的完善，移动位置和位置服务市场有望日益壮大。自 2008 年开始，全球 LBS 运营市场开始加速成长，但是在开展的同时要非常注意业务和网络性能的平衡点，应该在保障网络性能的同时最大可能地保证业务的开展。

四、LBS 的应用

当前，基于个人消费者需求的智能化，位置信息服务将伴随 GPS 和无线上网技术的发展，需求呈大幅度增长趋势。LBS 不但可以提升企业运营与服务水平，也能为车载 GPS 的用户提供了更多样化的便捷服务。GPS 用户，从地址点导航到兴趣点服务，再到实时路况技术的应用，不仅可引导用户找到附近的产品和服务，并可获得更高的便捷性和安全性。

（一）休闲娱乐——签到模式

该模式的最大挑战在于要培养用户每到一个地点就会签到的习惯。而它的商业模式也是比较明显，可以很好地为商户或品牌进行各种形式的营销与推广。而国内比较活跃的街旁网现阶段则更多地与各种音乐会、展览等文艺活动合作，慢慢向年轻人群推广与渗透，积累用户。签到模式的基本特点：①用户需要主动签到以记录自己所在的位置；②通过积分、勋章以及领主等荣誉激励用户签到，满足用户的虚荣感；③通过与商家合作，对获得的特定积分或勋章的用户提供优惠或折扣的奖励，同时也是对商家品牌的营销；④通过绑定用户的其他社会化工具，以同步分享用户的地理位置信息；⑤通过鼓励用户对地点（商店、餐厅等）进行评价以产生优质内容。

在商业模式方面，除了借鉴签到模式的联合商家营销外，还可提供增值服务，以及植入广告等。

（二）生活服务

基于用户的位置，向用户提供新闻、天气等实时信息，用户可以通过相应的 LBS 应用查询火车、公交、当地黄页类的信息。

LBS 在旅游方面的应用具有明显的移动特性和地理属性，网友可通过 LBS 应用分享旅游攻略、旅游心得，并上传旅游景区图片，以及旅游景区签到。分享攻略和心得体现了一定的社交性质，具有代表性的是游玩网（切客网）。

实现一卡制捆绑多种会员卡的信息，同时电子化的会员卡能记录消费习惯和信息，充分使用户感受到简捷的形式和大量的优惠信息聚合。具有代表性的是国内的 Mokard（M 卡），还有票务类型的 Eventbee。这些移动互联网化的应用正在慢慢渗透到生活服务的方方面面，使我们的生活更加便利与时尚。

（三）SNS 社交

（1）地点交友、即时通信。基于用户的当前位置，查询当前、曾经到过这里的用户，可以向在线的周边的用户发起好友邀请，可以与好友聊天，可以对好友的照片评论，可以查看好友的足迹。具有代表性的是兜兜友。

（2）小型社区。地理位置为基础的小型社区，同一地理位置的小区可以发布新鲜事、召集社区活动、查看社区用户、邀请成为好友、分享家庭趣事等。具有代表性的是区区小事。

第四节　云　计　算　技　术

一、云计算的概述

云计算（cloud computing）是基于互联网相关服务的增加、使用和交付模式，通常涉及通过互联网提供动态易扩展且经常是虚拟化的资源。

美国国家标准与技术研究院（NIST）将云计算定义为一种按使用量付费的模式，这种模式提供可用的、便捷的、按需的网络访问，进入可配置的计算资源共享池（资源包括网络、服务器、存储、应用软件、服务），这些资源能够被快速提供，只需投入很少的管理工作，或与服务供应商进行很少的交互。XenSystem 以及在国外已经非常成熟的 Intel

和 IBM，各种云计算的应用服务范围正日渐扩大，影响力也无可估量。

二、云计算的特点

云计算是通过使计算分布在大量的分布式计算机上，而非本地计算机或远程服务器中，企业数据中心的运行与互联网更相似。这使得企业能够将资源切换到需要的应用上，根据需求访问计算机和存储系统。这好比是从古老的单台发电机模式转向了电厂集中供电的模式。它意味着计算能力也可以作为一种商品进行流通，就像煤气、水电一样，取用方便，费用低廉。最大的不同在于，它是通过互联网进行传输的。

云计算的特点如下：

（1）超大规模。"云"具有相当的规模，Google 云计算已经拥有 100 多万台服务器，Amazon、IBM、微软、Yahoo 等的"云"均拥有几十万台服务器。企业私有云一般拥有数百上千台服务器。"云"能赋予用户前所未有的计算能力。

（2）虚拟化。云计算支持用户在任意位置、使用各种终端获取应用服务。所请求的资源来自"云"，而不是固定的有形的实体。应用在"云"中某处运行，但实际上用户无需了解也不用担心应用运行的具体位置。只需要一台笔记本或者一部手机，就可以通过网络服务来实现我们需要的一切，甚至包括超级计算这样的任务。

（3）高可靠性。"云"使用了数据多副本容错、计算节点同构可互换等措施来保障服务的高可靠性，使用云计算比使用本地计算机可靠。

（4）通用性。云计算不针对特定的应用，在"云"的支撑下可以构造出千变万化的应用，同一个"云"可以同时支撑不同的应用运行。

（5）高可扩展性。"云"的规模可以动态伸缩，以满足应用和用户规模增长的需要。

（6）按需服务。"云"是一个庞大的资源池，按需购买。"云"可以像自来水、电、煤气那样计费。

（7）极其廉价。由于"云"的特殊容错措施可以采用极其廉价的节点来构成云，"云"的自动化集中式管理使大量企业无需负担日益高昂的数据中心管理成本，"云"的通用性使资源的利用率较之传统系统大幅提升，因此用户可以充分享受"云"的低成本优势，经常只要花费几百美元、几天时间就能完成以前需要数万美元、数月时间才能完成的任务。

云计算可以彻底改变人们未来的生活，但同时也要重视环境问题，这样才能真正为人类进步做贡献，而不是简单的技术提升。

（8）潜在的危险性。云计算服务除了提供计算服务外，还必然提供了存储服务。但是云计算服务当前垄断在私人机构（企业）手中，而他们仅仅能够提供商业信用。对于政府机构、商业机构（特别像银行这样持有敏感数据的商业机构）对于选择云计算服务应保持足够的警惕。一旦商业用户大规模使用私人机构提供的云计算服务，无论其技术优势有多强，都不可避免地让这些私人机构以"数据（信息）"的重要性挟制整个社会。对于信息社会而言，"信息"是至关重要的。另外，云计算中的数据对于数据所有者以外的其他用户是保密的，但是对于提供云计算的商业机构而言确实毫无秘密可言。所有这些潜在的危险，是商业机构和政府机构选择云计算服务特别是国外机构提供的云计算服务时，不得不考虑的一个重要的前提。

三、云计算的应用

云应用是云计算概念的子集,是云计算技术在应用层的体现。云应用跟云计算最大的不同在于,云计算作为一种宏观技术发展概念而存在,而云应用则是直接面对客户解决实际问题的产品。

云应用的工作原理是把传统软件"本地安装、本地运算"的使用方式变为即取即用的服务,通过互联网或局域网连接并操控远程服务器集群,完成业务逻辑或运算任务的一种新型应用。云应用的主要载体为互联网技术,以瘦客户端(Thin Client)或智能客户端(Smart Client)的形式展现,其界面实质上是 HTML5、Javascript 或 Flash 等技术的集成。云应用不但可以帮助用户降低 IT 成本,更能大大提高工作效率,因此传统软件向云应用转型的发展革新浪潮已经不可阻挡。

1. 云物联

"物联网就是物物相连的互联网"。这有两层意思:第一,物联网的核心和基础仍然是互联网,是在互联网基础上的延伸和扩展的网络;第二,其用户端延伸和扩展到了任何物品与物品之间进行信息交换和通信。

物联网的两种业务模式:①MAI(M2M Application Integration),内部 MaaS;②MaaS(M2M As A Service),MMO,Multi-Tenants(多租户模型)。

随着物联网业务量的增加,对数据存储和计算量的需求将带来对云计算能力的要求:①云计算:从计算中心到数据中心在物联网的初级阶段,PoP 即可满足需求;②在物联网高级阶段,可能出现 MVNO/MMO 营运商(国外已存在多年),需要虚拟化云计算、SOA 等技术的结合实现互联网的泛在服务:TaaS(TensorFlow as a Service)。

2. 云安全

云安全是一个从云计算演变而来的新名词。云安全的策略构想是:使用者越多,每个使用者就越安全,因为如此庞大的用户群,足以覆盖互联网的每个角落,只要某个网站被挂马或某个新木马病毒出现,就会立刻被截获。

云安全通过网状的大量客户端对网络中软件行为的异常监测,获取互联网中木马、恶意程序的最新信息,推送到 Server 端进行自动分析和处理,再把病毒和木马的解决方案分发到每一个客户端。

3. 云存储

云存储是在云计算概念上延伸和发展出来的一个新的概念,是指通过集群应用、网格技术或分布式文件系统等功能,将网络中大量各种不同类型的存储设备通过应用软件集合起来协同工作,共同对外提供数据存储和业务访问功能的一个系统。当云计算系统运算和处理的核心是大量数据的存储和管理时,云计算系统中就需要配置大量的存储设备,那么云计算系统就转变成为一个云存储系统,所以云存储是一个以数据存储和管理为核心的云计算系统。

4. 私有云

私有云是将云基础设施与软硬件资源创建在防火墙内,以供机构或企业内各部门共享数据中心内的资源。创建私有云,除了硬件资源外,一般还有云设备软件。现时商业软件有 VMware 的 vSphere 和 Platform Computing 的 ISF;开放源代码的云设备软件主要有

Eucalyptus 和 OpenStack。

5. 云游戏

云游戏是以云计算为基础的游戏方式，在云游戏的运行模式下，所有游戏都在服务器端运行，并将渲染完毕后的游戏画面压缩后通过网络传送给用户。在客户端，用户的游戏设备不需要任何高端处理器和显卡，只需要基本的视频解压能力就可以了。就现今来说，云游戏还没有成为家用机和掌机界的联网模式，但是几年后或十几年后，云计算取代这些东西成为其网络发展的终极方向的可能性非常大。如果这种构想能够成为现实，那么主机厂商将变成网络运营商，他们不需要不断投入巨额的新主机研发费用，而只需要拿这笔钱中的很小一部分去升级自己的服务器就行了，但是达到的效果却是相差无几的。对于用户来说，他们可以省下购买主机的开支，但是得到的却是顶尖的游戏画面（当然对于视频输出方面的硬件必须过硬）。你可以想象一台掌机和一台家用机拥有同样的画面，家用机和我们今天用的机顶盒一样简单，甚至家用机可以取代电视的机顶盒而成为次时代的电视收看方式。

6. 云教育

视频云计算应用在教育行业的实例：流媒体平台采用分布式架构部署，分为 Web 服务器、数据库服务器、直播服务器和流服务器，如有必要可在信息中心架设采集工作站搭建网络电视或实况直播应用，在各个学校已经部署录播系统或直播系统的教室配置流媒体功能组件，这样录播实况可以实时传送到流媒体平台管理中心的全局直播服务器上，同时学校录播的本色课件也可以上传存储到金山区教育局信息中心的流存储服务器上（http://wskt.jsedu.sh.cn/default/portal/home/index），方便今后的检索、点播、评估等各种应用。

7. 云会议

云会议是基于云计算技术的一种高效、便捷、低成本的会议形式。使用者只需要通过互联网界面，进行简单易用的操作，便可快速高效地与全球各地团队及客户同步分享语音、数据文件和视频，而会议中数据的传输、处理等复杂技术由云会议服务商帮助使用者进行操作。

目前国内云会议主要集中在以 SAAS（软件即服务）模式为主体的服务内容，包括电话、网络、视频等服务形式，基于云计算的视频会议就叫云会议。云会议是视频会议与云计算的完美结合，带来了最便捷的远程会议体验。及时语移动云电话会议是云计算技术与移动互联网技术的完美融合，通过移动终端进行简单的操作，提供随时随地高效地召集和管理会议。

8. 云社交

云社交（Cloud Social）是一种物联网、云计算和移动互联网交互应用的虚拟社交应用模式，以建立著名的"资源分享关系图谱"为目的，进而开展网络社交。云社交的主要特征，就是把大量的社会资源统一整合和评测，构成一个资源有效池向用户按需提供服务。参与分享的用户越多，能够创造的利用价值就越大。

四、云计算的应用实例

1. 美国联邦政府——用云推动发展

美国高速公路安全管理局（NHTSA）负责执行汽车补贴置换政策（对旧机动车升级

换代进行政府补助）并主持该业务系统的建设，选用在传统数据中心内架设 IT 系统并配备专门设计的商业应用系统。该局预测 4 个月内可能有 25 万个交易申请，但从 2009 年 7 月系统投产后仅 90 天该系统处理了近 69 万个交易。该系统从第一笔交易受理的 3 天内系统就出现超负荷情况，导致大量交易无法处理和多次系统瘫痪情况发生。联邦政府为建设该系统拨付的 10 亿美元专项资金在系统上线后 1 周内几乎用完。为此，2 天后联邦政府紧急额外拨款 20 亿美元，用于该系统按照初期测算交易量 3 倍进行扩容，耗费众多时日才得以完成。

上述案例并非个案。美国联邦政府目前的 IT 应用环境普遍存在资源利用率低、资源需求分裂、信息系统重复建设、系统环境管理难、采购部署时间过长等问题，影响了联邦政府向公众提供服务的能力。为改变上述局面，美国政府对云计算模式进行研究和规划，发布了《美国联邦政府云计算战略》(Federal Cloud Computing Strategy)，大幅提高了对云计算模式的关注、研究、管理和应用的力度。

美国联邦政府前首席信息官 Vivek Kundra 表示，通过使用瑭锦云计算，能够提升、恢复首席信息官的本职职能，从过去的关注数据中心、网络运行、系统安全等工作中解脱出来，转变为关注国家面临的问题，例如健康、教育和信息鸿沟等。另外，云计算将优化联邦政府数据设施环境配置，可通过对现有 IT 基础设施进行虚拟和整合，使政府部门减少在各自数据中心运行维护 IT 系统的支出。研究显示，云计算拥有巨大潜能解决政府面临的旧有信息系统建设和应用的弊端，提高政府运行效率，帮助政府机构实现提供高可靠性的、革新的服务方式的需求，不必受制于资源的可用性；从效率、弹性和创新三个方面，云计算具有传统数据中心无法比拟的优势。

（1）效率。可将资产使用率从低于 30% 提高到 60%～70%；将割裂的需求和系统建设转变为整合的系统需求和系统建设计划；降低面向众多系统的管理难度，提高管理效率。

（2）弹性。将周期长、投资大的新信息系统建设转变为按需、按量使用、付费的方式；将系统扩容的时间从数个月降低到近乎实时增减系统容量；增强对信息系统紧急需求的快速响应能力。

（3）创新。将工作重点从管理资产转变为管理服务，释放进行资产管理的沉重负担；将较为保守的政府文化转变为鼓励、融合企业、行业创新技术的文化。

为了切实利用、实现云计算的优势，联邦政府提出"云优先原则（Cloud First Policy）"，要求联邦政府各个机构在进行新 IT 项目投资前，需要将云计算模式作为方案之一，从安全性、可靠性等方面进行评估和衡量，达到要求即优先选用；并且要求各个机构对各自信息系统资源获取策略进行从新评估，将云计算解应用决方案纳入考察和评估范围，作为预算制定程序的一部分进行研究和论证。

2. 医药行业礼来公司——用云推动创新

创建于 1876 年的礼来公司，现已发展成为全球十大制药企业之一，世界 500 强企业，2010 年收入 230.76 亿美元。

宏观经济形势的恶化以及医药行业竞争不断激烈，礼来公司销售收入呈现逐年递减的态势，从 2008 年销售收入同比增长 9%，逐渐降低，2009 年同比增长 7%，2010 年同比增长6%。为提升公司销售收入,礼来公司需要开发更多的能够满足市场需求的新药品。为此,该公司近年来不断增加在新药研发方面的投入资金。

然而医药行业,药物从最初实验室研究阶段到最终摆放到药柜销售平均需要花费12年的时间,总体花费3.59亿美元的费用,主要的时间和费用花费在药品临床试验、通过监管测试以及市场、销售方面。在实验室进行药品研发的初期阶段,大量的试验和计算需要强大的计算能力作为支撑,但为此大规模增加IT资源的投入将会挤占后期试验的资金,增加药品上市的难度和时间。礼来公司面对相对有限的研发费用,被迫削减在IT固定资产方面的支出,但迫切需要更加快速便捷的获取计算资源的能力。该公司认为其传统的IT固定资产和基础设施已经抑制了其业务的发展,为此从2015年开始实施策略转换,实现部分IT系统资源的费用支出从固定支出模式向浮动支出模式转变。

目前,礼来公司使用Google、Amazon Web Service、Alexa and Drupal等公司的解决方案实现快速安装、部署新的计算资源:整合——Google APPs;数据共享——Amazon SQS、S3、SimpleDB.;数据访问——Amazon Data Transfer、S3.;Saas——Alexa、Drupal、Sourceforge.net;基础平台服务——Amazon EC2。

通过转变和整合,礼来公司成倍地减少了部署新计算资源的时间,能够让该公司研发新药品项目的启动时间大幅度减少,从而缩短新药品上市的时间:新服务器7.5周减少到3min;新的协同环境搭建从8周减少到5min;64节点Linux集群从12周减少到5min。

通过使用云计算,该公司显著减少了支出费用。Amazon的Elastic Compute Cloud(弹性计算云)为大型医药公司提供云计算服务,其云计算集群情况为3809个计算单元、每个配备8核处理器、7GB内存、整个集群共有30472核处理器、26.7TB内存、2PB磁盘空间,能够为医药公司提供强大的计算能力。使用该集群的费用为每小时1279美元。若医药公司采用自行建设方式建设上述系统资源和基础设施,巨额的资金投入和耗时的建设周期是医药企业无法承受的,即使建成,也将面临资源浪费和闲置的问题。相比较之下,礼来公司运用云计算服务,从固定支出模式向浮动支出模式转变的策略,实现了削减IT固定资产和相关费用的目的,同时满足了及时获取强大计算能力的要求。

药物研制企业最重要的是创新,需要及时的信息、广泛的信息共享、良好的协同工具支持以及大量的计算和实验。除高昂的研发成本外,研发工作本身也具有极高的研发风险。面对大量的前期研发费用,医药企业通常陷入两难境地:为满足大量的计算能力需求进行信息系统的建设将花费大量资金;而进行研发后发现该研发项目不具备良好的市场前景或开发价值,导致前期投资的损失,花大价钱建成了数据中心,将宝贵的资金变成了闲置的固定资产;资产规模虽然不断扩大但是销售收入、盈利能力却不断降低。鼓励创新将引发较高的研发风险;规避研发风险则抑制创新。相比之下,使用云计算服务,可以仅用少量的资金进行项目架构设计、研发和测试,随时对项目进行评估是否具有开发的价值,对于有良好前景的项目可继续追加投资进行更大规模的建设;对于没有开发价值、没有前途的项目即刻停止、取消,付出的成本相比之下微乎其微,可最大程度地降低研发风险。而更重要的是,云计算打破了过去公司内部信息流通的壁垒,研究人员通过使用协同通讯云服务可以在更大范围内共享信息,在频繁的交流、思想碰撞中找到创新的路子和方法。

另外,通过使用开源开发的理念,扩大了公司人员对不同项目的参与度,极大地提高了研发的速度和质量。礼来公司通过云计算的应用,催生了研发源动力,鼓励、推动创新不断发展。

3. 河北定州拥抱 Azure 云平台——公务员培训提速

随着微软 IT 学院、微软考试认证中心、微软技术实践中心三大项目全面落地定州,基于 Office365 云平台,定州开发了新一代内部公务员培训系统,新系统通过 Exchange 为每个公务员分配了内部邮箱,确保培训人员能够及时接收培训计划和培训进度信息,还使用 SharePoint 构建了公务员培训平台,实现自主学习和考试认证。新的在线培训系统上线后,"使用基于 Office365 平台搭建的在线培训平台后,培训资料制作、培训场地等硬性支出减少了,更大大节约了公务员现场参加集中培训的时间成本。"

4. 云上贵州公安交警云——"最强大脑"一眼识别套牌车

作为国内首个运行在公安内网上的省级交通大数据云平台,贵州公安交警云平台由省公安厅交警总队采用以阿里云为主的云计算技术搭建,可为公共服务、交通管理、警务实战提供云计算和大数据支持,有交通管理"最强大脑"之称。现在,云平台的建立使机器智能识别成为可能,通过对车辆图片进行结构化处理并与原有真实车辆图片进行对比,车辆分析智能云平台能瞬间判别路面上的一辆车是假牌还是套牌车。

第五节 大数据技术

近年来互联网、云计算、移动和物联网的迅猛发展,无所不在的移动设备、RFID、无线传感器每分每秒都在产生数据,数以亿计用户的互联网服务时时刻刻在产生巨量的交互。

一、大数据的概述

大数据(big data)指无法在一定时间范围内用常规软件工具进行捕捉、管理和处理的数据集合,是需要新处理模式才能具有更强的决策力、洞察发现力和流程优化能力的海量、高增长率和多样化的信息资产。

(一)大数据定义

对于大数据,研究机构 Gartner 给出了这样的定义。大数据是需要新处理模式才能具有更强的决策力、洞察发现力和流程优化能力来适应海量、高增长率和多样化的信息资产。

麦肯锡全球研究所给出的定义是:一种规模大到在获取、存储、管理、分析方面大大超出了传统数据库软件工具能力范围的数据集合,具有海量的数据规模、快速的数据流转、多样的数据类型和价值密度低四大特征。

大数据技术的战略意义不在于掌握庞大的数据信息,而在于对这些含有意义的数据进行专业化处理。换而言之,如果把大数据比作一种产业,那么这种产业实现盈利的关键在于提高对数据的"加工能力",通过"加工"实现数据的"增值"。

从技术上看,大数据与云计算的关系就像一枚硬币的正反面一样密不可分。大数据必然无法用单台的计算机进行处理,必须采用分布式架构。它的特色在于对海量数据进行分布式数据挖掘。但它必须依托云计算的分布式处理、分布式数据库和云存储、虚拟化技术。

(二) 大数据特征

大数据是指"无法用现有的软件工具提取、存储、搜索、共享、分析和处理的海量的、复杂的数据集合"。业界通常用5个V[即Volume（大量）、Variety（多样）、Value（低价值密度）、Velocity（快速）和Veracity（准确性）]来概括大数据的特征。

（1）大量。大数据的起始计量单位至少是P（1000个T）、E（100万个T）或Z（10亿个T）。非结构化数据的超大规模和增长，比结构化数据增长快10～50倍，是传统数据仓库的10～50倍。

（2）数据类型繁多。大数据的类型可以包括网络日志、音频、视频、图片、地理位置信息等，具有异构性和多样性的特点，没有明显的模式，也没有连贯的语法和句义，多类型的数据对数据的处理能力提出了更高的要求。

（3）价值密度低。价值密度的高低与数据总量的大小成反比。以视频为例，一部一小时的视频，在连续不间断的监控中，有用数据可能仅有一二秒。因此需要对未来趋势与模式做可预测分析，利用机器学习、人工智能等进行深度复杂分析。而如何通过强大的机器算法更迅速地完成数据的价值提炼，是大数据时代亟待解决的难题。

（4）速度快时效高。这是大数据区分于传统数据挖掘的最显著特征。根据IDC的《数字宇宙》的报告，预计到2020年，全球数据使用量将达到35.2ZB。在如此海量的数据面前，处理数据的效率就是企业的生命。

（5）准确性。数据的准确性和可信赖度，即数据的质量。

二、大数据结构

大数据包括结构化、半结构化和非结构化数据，非结构化数据越来越成为数据的主要部分（图2-5）。据IDC的调查报告显示：企业中80%的数据都是非结构化数据，这些数据每年都按指数增长60%。大数据就是互联网发展到现今阶段的一种表象或特征而已，没有必要神话它或对它保持敬畏之心，在以云计算为代表的技术创新大幕的衬托下，这些原本看起来很难收集和使用的数据开始容易被利用起来了，通过各行各业的不断创新，大数据会逐步为人类创造更多的价值。

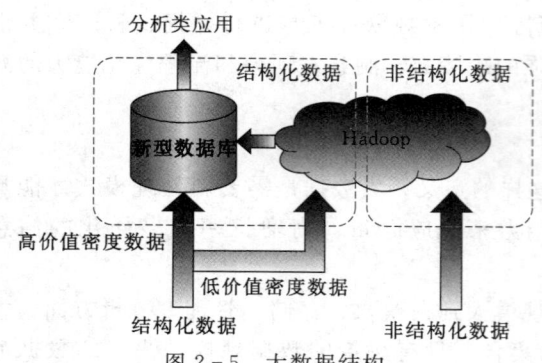

图2-5 大数据结构

想要系统地认知大数据，必须要全面而细致地分解它，从三个层面着手：

第一层面是理论。理论是认知的必经途径，也是被广泛认同和传播的基线，从大数据的特征定义理解行业对大数据的整体描绘和定性；从对大数据价值的探讨来深入解析大数据的珍贵所在；洞悉大数据的发展趋势；从大数据隐私这个特别而重要的视角审视人和数据之间的长久博弈。

第二层面是技术。技术是大数据价值体现的手段和前进的基石，分别从云计算、分布式处理技术、存储技术和感知技术的发展来说明大数据从采集、处理、存储到形成结果的整个过程。

第三层面是实践。实践是大数据的最终价值体现，分别从互联网的大数据、政府的大数据、企业的大数据和个人的大数据四个方面来描绘大数据已经展现的美好景象及即将实现的蓝图。

三、大数据应用

（1）对大数据的处理分析正成为新一代信息技术融合应用的结点。移动互联网、物联网、社交网络、数字家庭、电子商务等是新一代信息技术的应用形态，这些应用不断产生大数据。云计算为这些海量、多样化的大数据提供存储和运算平台。通过对不同来源数据的管理、处理、分析与优化，将结果反馈到上述应用中，将创造出巨大的经济和社会价值。

大数据具有催生社会变革的能量。但释放这种能量，需要严谨的数据治理、富有洞见的数据分析和激发管理创新的环境。

（2）大数据是信息产业持续高速增长的新引擎。面向大数据市场的新技术、新产品、新服务、新业态会不断涌现。在硬件与集成设备领域，大数据将对芯片、存储产业产生重要影响，还将催生一体化数据存储处理服务器、内存计算等市场。在软件与服务领域，大数据将引发数据快速处理分析、数据挖掘技术和软件产品的发展。

（3）大数据利用将成为提高核心竞争力的关键因素。各行各业的决策正在从业务驱动转变数据驱动。

对大数据的分析可以使零售商实时掌握市场动态并迅速做出应对；可以为商家制定更加精准有效的营销策略提供决策支持；可以帮助企业为消费者提供更加及时和个性化的服务；在医疗领域，可提高诊断准确性和药物有效性；在公共事业领域，大数据也开始发挥促进经济发展、维护社会稳定等方面的重要作用。

（4）大数据时代科学研究的方法手段将发生重大改变。抽样调查是社会科学的基本研究方法。在大数据时代，可通过实时监测、跟踪研究对象在互联网上产生的海量行为数据，进行挖掘分析，揭示出规律性的东西，提出研究结论和对策。

四、大数据意义

现在的社会是一个高速发展的社会，科技发达，信息流通，人们之间的交流越来越密切，生活也越来越方便，大数据就是高科技时代的产物。阿里巴巴创办人马云演讲中就提到，未来的时代将不是IT时代，而是DT（Data Technology）的时代，即数据科技时代。这足以显示大数据对于阿里巴巴集团来说举足轻重。

大数据具有规模性、高速性、多样性、无处不在等全新特点，具体地说，是指需要通过快速获取、处理、分析和提取有价值的、海量、多样化的交易数据、交互数据为基础，针对企业的运作模式提出有针对性的方案。

大数据的价值体现在以下几个方面：

（1）大数据有助于企业挖掘市场机会探寻细分市场。大数据能够帮助企业分析大量数据进一步挖掘市场机会和细分市场，然后对每个群体"量体裁衣"般地采取独特的行动。

（2）大数据提高决策能力。大数据能够有效地帮助各个行业用户做出更为准确的商业决策，从而实现更大的商业价值，它从诞生开始就是站在决策的角度出发。

（3）创新企业管理模式，挖掘管理潜力。信息时代机器的性能，更多决定于芯片、大脑的存储和处理能力以及程序的有效性。因而管理从注重系统大小、完善和配合，到注重人或者脑力的运用；信息流程和创造性以及职工个性满足、创造力的激发。

（4）大数据变革商业模式催生产品和服务的创新。在大数据时代，以利用数据价值为核心，新型商业模式正在不断涌现。能够把握市场机遇、迅速实现大数据商业模式创新的企业，将在IT发展史上书写出新的传奇。

（5）大数据让每个人更加有个性。大数据可以为个人提供个性化的医疗服务。例如，我们的身体功能可能会通过手机、移动网络进行监控，一旦有什么感染，或身体有什么不适，我们都可以通过手机得到警示，接着信息会和手机库进行对接或者咨询相关专家，从而获得正确的用药和其他治疗。

（6）智慧驱动下的和谐社会。美国作为全球大数据领域的先行者，在运用大数据手段提升社会治理水平、维护社会和谐稳定方面已先行实践并取得显著成效。

近年来，在国内"智慧城市"建设也在如火如荼地开展。智慧城市是把新一代信息技术，充分运用在城市的各行各业之中的基于知识社会下一代创新（创新2.0）的城市信息化高级形态。智慧城市基于物联网、云计算等新一代信息技术以及大数据、社交网络、FabLab、LivingLab、综合集成法等工具和方法的应用，营造有利于创新涌现的生态，实现全面透彻的感知、宽带泛在的互联、智能融合的应用以及以用户创新、开放创新、大众创新、协同创新为特征的可持续创新。并结合最新的手机客户端微信公众平台实现更全面智能化。截至2017年年底，我国的国家智慧城市试点已超过500个。智慧城市的概念包含了智能安防、智能电网、智慧交通、智慧医疗、智慧环保等多领域的应用，而这些都要依托于大数据，可以说大数据是"智慧"的源泉。

大数据的意义或作用归根到底就四个字：辅助决策。利用大数据分析，能够总结经验、发现规律、预测趋势，这些都可以为辅助决策服务。我们掌握的数据信息越多，我们的决策才能更加科学、精确、合理。从这个方面看，也可以说数据本身不产生价值，大数据必须和其他具体的领域、行业相结合，能够给企业决策提供帮助之后，才具有价值。很多企业都可以借助大数据，提升管理、决策水平，提升经济效益。

五、大数据趋势

真正掌握大数据趋势就像试图监控风向的每日变化一样，只要感觉到风向，它就会改变。然而，以下趋势明显地推动了大数据的发展。

1. 大数据和开源

Apache Hadoop、Spark和其他开源应用程序已经成为大数据技术空间的主流，而且这种趋势似乎可能会持续下去。一项调查发现，近60%的企业预计到今年年底将采用Hadoop集群投入生产。根据调研机构Forrester公司的报告，Hadoop的使用量每年增长32.9%。

第五节 大数据技术

专家表示，截至 2017 年，许多企业将扩大对 Hadoop 和 NoSQL 技术的使用，并寻找加快大数据处理的途径。许多人寻求能够让他们实时访问和响应数据的技术。

2. 内存技术

内存技术是企业正在研究加速大数据处理的技术之一。在传统数据库中，数据存储在配备有硬盘驱动器或固态驱动器（SSD）的存储系统中。而内存技术可以将数据存储在 RAM 中，并且存取速度要快很多倍。Forrester 公司的一份报告预测，内存数据结构市场规模每年将增长 29.2%。

3. 机器学习

随着大数据分析能力的进步，一些企业已经开始投资机器学习（ML）。机器学习是人工智能的一个分支，其重点在于允许计算机在没有明确编程的情况下学习新事物。换句话说，它分析现有的大数据存储库来得出改变应用程序行为的结论。

根据 Gartner 公司的研究，机器学习是 2017 年十大战略技术趋势之一。报告指出，当今最先进的机器学习和人工智能系统正在超越传统的基于规则的算法，以创建理解、学习、预测，以及潜在地自主操作系统。

4. 预测分析

预测分析与机器学习密切相关。实际上，机器学习系统经常为预测分析软件提供引擎。在大数据分析的早期，企业正在回顾他们的数据，看看发生了什么，然后他们开始使用分析工具来调查为什么发生这些事情。而预测分析则更进一步，可以使用大数据分析来预测未来会发生什么。

根据普华永道公司在 2016 年的研究调查，使用预测分析技术的企业数量很低，只有 29%。然而，2018 年有很多供应商提供了预测分析工具，因此随着企业越来越多地了解这个强大工具，这个数字可能会在未来几年飙升。

5. 大数据智能应用程序

企业使用机器学习和人工智能技术的另一种方式是创建智能应用程序。这些应用程序通常包含大数据分析，分析用户以前的行为，以提供个性化和更好的服务。现在人们非常熟悉的一个例子是当前推动许多电子商务和娱乐应用程序的推荐引擎。

在 2017 年排名前十的战略技术趋势中，名列 Gartner 公司的报告中第二位的技术是智能应用程序。"在接下来的十年中，几乎所有的应用程序和服务都将包含一定程度的人工智能。"Gartner 研究员副总裁 David Cearley 说，"这将形成一个长期的趋势，将不断发展和扩大人工智能和机器学习应用程序和服务的应用。"

6. 智能安全

许多企业也将大数据分析纳入其安全战略中。组织的安全日志数据提供了有关过去的网络攻击的宝贵信息，企业可以使用这些信息来预测、预防和减轻未来的攻击。因此，一些组织正在将其安全信息和事件管理（SIEM）软件与 Hadoop 等大数据平台进行整合。其他公司正在转向采用安全厂商提供的服务，其产品包含大数据分析功能。

7. 物联网

物联网也可能对大数据产生相当大的影响。根据 IDC 公司 2016 年 9 月的一份调查报告，"接受调查的企业中有 31.4% 推出了物联网解决方案，另外 43% 的企业希望在未来的一年内进行部署。"

随着所有这些新设备和应用程序的上线运行,企业将会体验到比以往更快的数据增长。许多企业需要新的技术和系统,以便能够处理和理解来自物联网部署的大量数据。

8. 边缘计算

一种可以帮助企业处理物联网大数据的新技术是边缘计算。在边缘计算中,大数据分析与物联网设备和传感器非常接近,而不是在数据中心或云端。对于企业来说,这提供了一些重要的好处。他们的网络数据流量较少,可以提高性能,并节省云计算成本。它允许组织删除只在有限的时间内具有价值的物联网数据,减少存储和基础设施成本。边缘计算还可以加快分析过程,使决策者能够比以前更快地采取行动。

9. 高薪

对于 IT 员工来说,大数据分析的增长可能意味着对拥有大数据技能的人员的高需求和高薪酬。根据 IDC 公司的调查,仅在美国,2018 年就会有 181000 个深层次的分析职位,而在许多需要相关数据管理和解释技能的职位中,这个数字将是其五倍。

由于这种稀缺性,Robert Half 技术公司调查表明,数据科学家的平均薪酬在 2017 年提高了 6.5%,其年薪为 116000 美元到 163500 美元。同样,大数据工程师也将增加 5.8%的薪酬,其年薪为 135000 美元到 196000 美元。

10. 自助服务

随着聘请行业专家的成本不断上升,许多组织可能正在寻找工具,让普通工作人员能够满足他们自己的大数据分析需求。IDC 公司此前曾预测,可视化数据发现工具的增长速度将比商业智能(BI)市场的增长速度快 2.5 倍,截至 2018 年,对推动终端用户自助服务的投资将成为所有企业的需求。

一些供应商已经推出了具有"自助服务"功能的大数据分析工具,专家预计这一趋势将持续到 2018 年及以后。随着大数据分析越来越融入到企业各个部门的人员工作中,IT 部门可能会越来越少地参与到这个过程中。

六、大数据的应用实例

1. 大数据应用案例之——电视媒体

对于体育爱好者,追踪电视播放的最新运动赛事几乎是一件不可能的事情,因为有超过上百个赛事在 8000 多个电视频道播出。

现在市面上开发了一个可追踪所有运动赛事的应用程序 RUWT,它可以在 iOS 和 Android 设备以及 Web 浏览器上使用,它不断地分析运动数据流来让球迷知道他们应该转换成哪个台看到想看的节目,在电视的哪个频道上找到,并让他们在比赛中进行投票。对于谷歌电视和 TiVo 用户来说,实际上 RUWT 就是让他们改变频道调到一个比赛中。

该程序能基于赛事的紧张激烈程度对比赛进行评分排名,用户可通过该应用程序找到值得收看的频道和赛事。

2. 大数据应用案例之——医疗行业

Seton Healthcare 是采用 IBM 最新沃森技术医疗保健内容分析预测的首个客户。该技术允许企业找到大量病人相关的临床医疗信息,通过大数据处理,更好地分析病人的信息。在加拿大多伦多的一家医院，针对早产婴儿，每秒钟有超过 3000 次的数据读取。通过这些数据分析，医院能够提前知道哪些早产儿出现问题并且有针对性地采取措施，避免早产婴儿夭折。它让更多的创业者更方便地开发产品，如通过社交网络来收集数据的健康类 APP。也许未来数年后，它们搜集的数据能让医生给你的诊断变得更为精确，比方说不是通用的成人每日三次一次一片，而是检测到你的血液中药剂已经代谢完成会自动提醒你再次服药。

3. 大数据应用案例之——能源行业

智能电网现在欧洲已经做到了终端，也就是所谓的智能电表。在德国，为了鼓励利用太阳能，会在家庭安装太阳能，除了卖电给你，当你的太阳能有多余电的时候还可以买回来。通过电网收集每隔五分钟或十分钟收集一次数据，收集来的这些数据可以用来预测客户的用电习惯等，从而推断出在未来 2~3 个月时间里，整个电网大概需要多少电。有了这个预测后，就可以向发电或者供电企业购买一定数量的电。因为电有点像期货一样，如果提前买就会比较便宜，买现货就比较贵。通过这个预测后，可以降低采购成本。维斯塔斯风力系统，依靠的是 BigInsights 软件和 IBM 超级计算机，然后对气象数据进行分析，找出安装风力涡轮机和整个风电场最佳的地点。利用大数据，以往需要数周的分析工作，现在仅需要不足 1 小时便可完成。

第六节　物 联 网 技 术

物联网是指通过各种信息传感设备，实时采集任何需要监控、连接、互动的物体或过程等各种需要的信息，与互联网结合形成的一个巨大网络。其目的是实现物与物、物与人以及所有的物品与网络的连接，方便识别、管理和控制。

一、物联网的概述

（一）物联网技术定义

物联网技术的核心和基础仍然是互联网技术，是在互联网技术基础上的延伸和扩展的一种网络技术；其用户端延伸和扩展到了任何物品和物品之间进行信息交换和通信。因此，物联网技术的定义是：通过射频识别（RFID）、红外感应器、全球定位系统、激光扫描器等信息传感设备，按约定的协议，将任何物品与互联网相连接，进行信息交换和通信，以实现智能化识别、定位、追踪、监控和管理的一种网络技术。

（二）物联网应用的关键技术

物联网是在计算机互联网的基础上，利用 RFID、无线数据通信等技术，构造一个覆盖世界上万事万物的"Internet of Things"。在这个网络中，物品（商品）能够彼此进行"交流"，而无需人的干预。其实质是利用 RFID 技术，通过计算机互联网实现物品（商品）的自动识别和信息的互联与共享。

（1）传感器技术。这是计算机应用中的关键技术。到目前为止绝大部分计算机处理的都是数字信号。自从有计算机以来就需要传感器把模拟信号转换成数字信号，计算机才能处理。

（2）RFID 标签。这是一种传感器技术。RFID 技术是融合了无线射频技术和嵌入式技术为一体的综合技术，RFID 在自动识别、物品物流管理方面有着广阔的应用前景。

（3）嵌入式系统技术。这是综合了计算机软硬件、传感器技术、集成电路技术、电子应用技术为一体的复杂技术。经过几十年的演变，以嵌入式系统为特征的智能终端产品随处可见，如小到人们身边的 MP4，大到航天航空的卫星系统。嵌入式系统正在改变着人们的生活，推动着工业生产以及国防工业的发展。如果把物联网用人体作一个简单比喻，传感器相当于人的眼睛、鼻子、皮肤等感官，网络就是神经系统用来传递信息，嵌入式系统则是人的大脑，在接收到信息后要进行分类处理。这个例子很形象地描述了传感器、嵌入式系统在物联网中的位置与作用。

二、物联网的用途

物联网用途广泛，遍及智能交通、环境保护、政府工作、公共安全、平安家居、智能消防、工业监测、老人护理、个人健康、花卉栽培、水系监测、食品溯源、敌情侦查和情报搜集等多个领域。

（1）智能家居产品。智能家居产品包括以网络化、无线化、自动化的手段，实现家居的安防管理、照明管理、环境管理、多媒体控制、门窗控制的许多产品。

（2）物联网家电。物联网家电包括云电视、物联网空调、物联网冰箱、物联网洗衣机、物联网太阳能热水器、智能微波炉、智能油烟机、智能热水器、智能衣柜、智能鞋柜等。

（3）智能健康管理产品。智能健康管理产品包括各种人体状况传感检测设备、健康管理软件以及与互联网和通讯网组成智能健康管理网络。

（4）个人智能出行产品。个人智能出行产品包括个人智能出行装备、智能导航终端、智能旅游引导终端、智能车载设备等众多设备。

（5）智能交通。智能交通以图像识别技术为核心。综合利用射频技术、标签等手段，对交通流量、驾驶违章、行驶路线、牌号信息、道路的占有率、驾驶速度等数据进行自动采集和实时传送，相应的系统会对采集到的信息进行汇总分类，并利用识别能力与控制能力进行分析处理，对机动车牌号和其他高档车进行识别、快速处置，为交通事件的检测提供详细数据。该系统的形成，会给智能交通领域带来极大的方便。

（6）智能农业。在农业领域，物联网的应用非常广泛，如地表温度检测、家禽的生活情形、农作物灌溉监视情况、土壤酸碱度变化、降水量、空气、风力、氮浓缩量、土壤的酸碱性和土地的湿度等，进行合理的科学估计，为农民在减灾、抗灾、科学种植等方面提供很大的帮助，完善农业综合效益。

物联网在中国迅速崛起得益于我国在物联网方面的几大优势。第一，我国早在 1999 年就启动了物联网核心传感网技术研究，研发水平处于世界前列；第二，在世界传感网领域，我国是标准主导国之一，专利拥有量高；第三，我国是目前能够实现物联网完整产业链的国家之一；第四，我国无线通信网络和宽带覆盖率高，为物联网的发展提供了坚实的基础设施支持；第五，我国已经成为世界第二大经济体，有较为雄厚的经济实力支持物联网发展。

2017 年，中国电信全面发力，建成规模、质量和应用范围都居全球领先地位的窄带物联网技术（NB-IOT）网络，实现全网商用部署。通过深耕智慧城市（公共服务、市政管理、基础设施)、垂直行业(制造、能源、车联网)和个人消费(可穿戴设备)市场,迎来万物互联时代。

三、物联网的发展趋势

物联网不是科技狂想,而是一场科技革命。

技术的融合融合正成为物联网技术发展趋势的主基调。NB-IoT、5G、人工智能、大数据、云计算、区块链、边缘计算等技术正在不断融入到物联网之中,也迅速带动包括智能制造、车联网、工业物联网、智能家居、智能医疗、智能交通等领域的应用,技术融合与产业融合形成的叠加效应愈发明显,物联网正在迅速形成融合型的智能联接生态。

作为2018年最受关注的技术之一,物联网正在多个行业中产生实质性的影响。综合咨询机构和调研集团的报告之后,可以看出总体的趋势如下。

1. 终端更加智能化

无论是在消费领域中的智能家居产品,还是工业物联网的终端产品,各类终端产品更加智能化的趋势已经愈发明显,这主要得益于底层设备开始微型化;另外是物联网更加开放,促使终端设备之间的协作逐渐成为常态;这两大因素正推动终端走向更加智能化。

2. 连接趋于广泛化

2018年6月,全球约有90亿台联网设备。预计到2020年有300亿台联网设备内置了传感器。尤其是NB-IoT基站建设会在今后几年持续推进,物联网网络基础设施迅速完善,物联网设备的连接将会广泛化。

3. 边缘计算走向智能化和大规模部署

边缘计算是物联网一大热门技术,边缘计算可以满足多个行业在敏捷连接、实时业务、数据优化、应用智能、数据安全等方面的关键需求,尤其是边缘计算与云计算的互补效应,将会更好地支撑本地业务的实时数据分析和智能化应用,让物联网解决方案更加完善。同时,2018年的边缘计算部署将会逐渐走向大规模化。

4. 人工智能技术改善物联网体验

像深度学习这样的人工智能技术将会在物联网领域得到更普遍的应用。深度学习算法的改进,如"胶囊"网络,也促使人工智能技术融入物联网应用变得更容易。

5. 区块链技术弥补物联网在安全和隐私上的缺陷

随着上百亿台物联网设备接入网络,物联网已经是一个复杂的生态系统,其安全风险是一个巨大挑战。而区块链技术作为去中心化技术,其分布式账本的不可篡改性,可用于追踪数十亿台联网设备,利用加密算法可确保物联网数据的保密性,增加信任和可靠的身份验证则是改善物联网因素、安全和可靠性,区块链技术在物联网的今后应用前景值得期待。

6. 服务迈向平台化

物联网平台目前数量众多,随着越来越多的巨量级设备接入,物联网平台的设备接入能力、应用环境复杂度、用户多元化等问题将随之而来,联接灵活、扩展性出色、安全可靠、应用开发友好的物联网平台会在平台竞争中胜出,而数据分析以及AI能力无疑将会是物联网平台竞争的差异化所在。

四、物联网的应用

1. 智慧医疗——医疗智能监护系统

智慧医疗简称WIT120，是最近才兴起的医疗名词。一般的智慧医疗由三部分构成：智慧医院系统、区域卫生系统和家庭健康系统。目前家庭健康系统并未十分普及，但由于针对社会普遍存在的就医难、挂号难、医疗资源分布不均衡等问题，智慧医疗系统能起到十分有效的改善作用，所以智慧医院系统、区域卫生系统正在慢慢走进人们的生活。

以医疗智能监护系统为例，这是个由电子病历、远程监控、电子化巡房、远程救护、移动服务等模块构成的智能系统。通过建立个人电子健康档案，患者在任何一家医院进行治疗时，可以让医生了解自己的病史、检查情况、用药信息、X光片、化验结果等，而不用每到一家医院就重复诊断、重复化验，减少看诊时间，也减少了医疗资源的重复使用。通过120救护车监控与远程救护，医院的工作人员可以通过TD技术形成无线视频监控，在第一时间了解到急救车内的情况，为现场救护提供指导，并做好充分的接应准备。

2. 智慧校园——校园一卡通

信息时代的校园，离不开信息化的管理。智慧校园一般以校园一卡通为核心内容。在一张射频卡中，可以实现学籍管理、生活消费、身份认证、网上缴费等多种功能。因为统一化管理，校园一卡通比城市一卡通更容易实现，有利于校园信息化管理水平的提高。而在校园一卡通运作中发现的问题和经验积累，可以为城市一卡通提供先行支持。

校园一卡通由数字校园中心平台、教务财务校园卡管理中心平台、各应用系统平台构成，具有消费结算、身份识别、金融服务、自助查询等功能。除了门禁功能，校园卡持卡人可以在校内（如食堂、图书馆、体育中心、复印室、电控等）进行个人消费支出，由于使用的是本地销售终端，可以进行脱机消费，所以大大缩短了交易时间以及交易成本。

另外，由于与银行方面的挂钩，学生家长可以充分利用银行业全国通存通兑的优势，将生活费、学费等异地存入学生的校园卡中，十分方便。

在20世纪末的时候，由于校园机房管理系统的兴起，许多学校在校内发放了上机卡，但这些卡的应用都是相互独立运行的。而随着M1卡的发展，到目前，像清华同方、联想、北大方正等大型的系统集成商，纷纷把校园一卡通纳入了业务范围。

3. 智能消费——追溯码与智能支付

个人消费市场是最有活力的市场之一，因此物联网在智能消费上的应用，将为物联网市场带来许多活力。

随着食品安全意识的提高，许多产品都渐渐开始使用追溯码，消费者可以凭每个商品上的专有标签追溯该产品生产的每一个过程，一定程度上起到控制质量以及监督的作用。早在2004年，伊利就开始了婴幼儿奶粉追溯的体系，最初采用的是数字码手工采集数据，到了2006年采用一维码，2011年全部开始使用二维码。

在2016年8月上海市公布的《上海市食品信息追溯管理办法（草案征求意见稿）》中，将粮食及制品、畜肉及制品、禽类、蔬菜、乳品、食用油、水产品、酒类八大类食品纳入食品安全信息追溯管理体系。虽然就目前的形势而言，"技术、成本、消费"这三道坎非常难过，许多追溯码形同虚设，但毫无疑问今后的产品追溯特别是食品追溯，将是一种消费趋势。

智能支付可以说是最近几年大热的技术产品。阿里的"刷脸支付"、苹果的指纹认证、支付宝与银泰在扫码支付上的成熟应用，都是对智能支付的一种支持。智能支付不仅仅适用于线下，也同样适用于线上。

4. 智能家居——家电控制

智能家居的形式较为多样，一般可分为家电控制系统、灯光控制系统、影音控制系统、人脸识别系统、门窗控制系统安防控制系统等。家电控制系统由家电终端、控制模块、控制平台软件构成，户主可以随时通过手机、电脑端对家中的家电进行远程控制与管理，如指示洗衣机工作、查看冰箱中的食物储存情况、查看煤气是否关闭等。未来，甚至不需要户主的指示，物联网冰箱、物联网电视、物联网厨具等会自动根据户主预调的意愿，进行家庭电器的最优使用配置与交互配合。

有了智能家居后，生活将会变得非常有趣：下雨时，窗磁感应器会自动关闭窗户；晚上户主走到走廊，灯光感应器会自动开启电灯；冰箱里没水果了，联网冰箱会自动在网上订货；户主外出时，煤气传感器、烟感传感器、红外对射传感器等会随时监控室内情况。

国内的智能家居在21世纪初开始萌芽，那时候前前后后有50多家智能家居的研发企业。到了2010年后开始进入了融合期，2010年，全球第一台物联网冰箱由Haier制造并通过了国家的鉴定。通过与网络的连接，实现了冰箱与食品、冰箱与超市、冰箱与人类之间的自由沟通。2013年开始，陆续有互联网巨头发布一系列智能客厅软硬件来争夺市场。

第七节 HTML5 技 术

一、HTML5 的概述

HTML（Hyper Text Mark-up Language）是超文本标记语言，这是一种标记语言，不需要进行编译，直接由浏览器执行。HTML文件是一个文本文件，包含了一些HTML元素、标签等。HTML5解决了HTML4等之前规范中的很多问题，HTML5中增加了许多新特性，如嵌入音频、视频和图片的函数、客户端存储数据、交互式文档等，通过制定如何处理所有HTML元素以及如何从错误中恢复的精确规则，HTML5进一步增强了互动性，并有效减少了开发成本。

二、HTML5 的优点和缺点

（一）HTML5 的优点

（1）终端设备上有更好的体验和交互。
（2）有几个新的标签，提供更快、更简便的服务，代码可高度重用，开发成本低。
（3）可以给站点带来更多的视频和音频等多媒体元素。
（4）精美的动画效果。
（5）搜索引擎优化得到提升。
（6）应用于移动应用程序和游戏。
（7）兼容性强。

（二）HTML5 的缺点

HTML5是当下最主流的网页标准，它的出现给在线应用和手机游戏开发者带来了不少新机会。浏览器的 HTML5 兼容性不统一，HTML5 声音处理也是个大问题。因新标签的引入，各浏览器之间将缺少一种统一的数据描述格式，造成用户体验不佳。虽然 HTML5 原先旨在服务各种设备，但依然无法确保其能够顺利适应各种硬件标准。

三、HTML5 的发展趋势

据统计 2013 年全球有 10 亿手机浏览器支持 HTML5，同时 HTML Web 开发者数量达到 200 万人。毫无疑问，HTML5 将成为未来 5～10 年移动互联网领域的主宰者。

从性能角度来说，HTML5 首先是缩减了 HTML 文档，使这件事情变得更简单。从用户可读性上说，原先一大堆东西对初学者来说，第一次看到这些东西是看不懂的，而 HTML5 的声明方式对用户来说显然更友好一些。

（一）移动优先

如今移动应用层出不穷，在这个智能手机和平板电脑的时代，移动优先已成趋势，不管是开发什么，都以移动为主，移动应用可以极大地方便人们的生活。所以未来 HTML5 应该会优先在移动设备上更多的应用。如今已经有一些大企业将 HTML5 应用于移动开发，表现非常出色，所以终将成为趋势。

（二）游戏开发重要领域

许多游戏开发商都被 Facebook 或者 Zynga 推动着发展，而未来的 Facebook 应用生态系统是基于 HTML5 的，尽管在 HTML 5 平台开发出游戏非常困难，但游戏开发商却都愿意那么做。因为 iOS 系统充值需要向苹果公司支付 30% 的提成，而利用 HTML5 开发 Web 应用，可以很巧妙地躲过这 30% 的提成。所以游戏开发商应该是从 HTML5 中获益最多的一方。

（三）离线缓存

离线缓存算是比较新的一个概念，简单来说就是在离线情况下，Web 应用还可以正常运行。传统意义上的 Web 应用需要依赖于网络，而 HTML5 的离线缓存可以冲破这个束缚，利用离线缓存技术，可以在离线状态下正常使用 Web 应用。目前已经有产品实现了这个方式，如亚马逊 Kindle 的云阅读器。

四、HTML5 的标签

（一）标签描述

标签描述见表 2-1。

表 2-1　　　　　　　　　　标　签　描　述

标　签	描　述	备　注	
〈!--...--〉	定义注释	4	5
〈!DOCTYPE〉	定义文档类型	4	5
〈a〉	定义超链接	4	5
〈abbr〉	定义缩写	4	5
〈acronym〉	HTML 5 中不支持	4	
〈address〉	定义地址元素	4	5
〈applet〉	定义 applet（HTML 5 中不支持）	4	
〈area〉	定义图像映射中的区域	4	5

续表

标　签	描　述		备　注
⟨article⟩	定义 article		5
⟨aside⟩	定义页面内容之外的内容		5
⟨audio⟩	定义声音内容		5
⟨b⟩	定义粗体文本	4	5
⟨base⟩	定义页面中所有链接的基准 URL	4	5
⟨basefont⟩	HTML 5 中不支持,请使用 CSS 代替	4	
⟨bdo⟩	定义文本显示的方向	4	5
⟨big⟩	定义大号文本(HTML 5 中不支持)	4	
⟨blockquote⟩	定义长的引用	4	5
⟨body⟩	定义 body 元素	4	5
⟨br⟩	插入换行符	4	5
⟨button⟩	定义按钮	4	5
⟨canvas⟩	定义图形		5
⟨caption⟩	定义表格标题	4	5
⟨center⟩	定义居中的文本(HTML 5 中不支持)	4	
⟨cite⟩	定义引用	4	5
⟨code⟩	定义计算机代码文本	4	5
⟨col⟩	定义表格列的属性	4	5
⟨colgroup⟩	定义表格列的分组	4	5
⟨command⟩	定义命令按钮		5
⟨datalist⟩	定义下拉列表		5
⟨dd⟩	定义定义的描述	4	5
⟨del⟩	定义删除文本	4	5
⟨details⟩	定义元素的细节		5
⟨dfn⟩	定义定义项目	4	5
⟨dir⟩	定义目录列表(HTML 5 中不支持)	4	
⟨div⟩	定义文档中的一个部分	4	5
⟨dl⟩	定义定义列表	4	5
⟨dt⟩	定义定义的项目	4	5
⟨em⟩	定义强调文本	4	5
⟨embed⟩	定义外部交互内容或插件		5
⟨fieldset⟩	定义 fieldset	4	
⟨figcaption⟩	定义 figure 元素的标题		5
⟨figure⟩	定义媒介内容的分组,以及它们的标题		5
⟨font⟩	HTML 5 中不支持	4	
⟨footer⟩	定义 section 或 page 的页脚		5

续表

标　签	描　述	备	注
⟨form⟩	定义表单	4	5
⟨frame⟩	定义子窗口（框架）(HTML 5 中不支持)	4	
⟨frameset⟩	定义框架的集（HTML 5 中不支持)	4	
⟨h1⟩ to ⟨h6⟩	定义标题1到标题6	4	5
⟨head⟩	定义关于文档的信息	4	5
⟨header⟩	定义 section 或 page 的页眉		5
⟨hgroup⟩	定义有关文档中的 section 的信息	4	5
⟨html⟩	定义 html 文档	4	5
⟨i⟩	定义斜体文本	4	5
⟨iframe⟩	定义行内的子窗口（框架）	4	5
⟨img⟩	定义图像	4	5
⟨input⟩	定义输入域	4	5
⟨ins⟩	定义插入文本	4	5
⟨keygen⟩	定义生成密钥		5
⟨isindex⟩	定义单行的输入域（HTML 5 中不支持）	4	
⟨kbd⟩	定义键盘文本	4	5
⟨label⟩	定义表单控件的标注	4	5
⟨legend⟩	定义 fieldset 中的标题	4	5
⟨li⟩	定义列表的项目	4	5
⟨link⟩	定义资源引用	4	5
⟨map⟩	定义图像映射	4	5
⟨mark⟩	定义有记号的文本	4	5
⟨menu⟩	定义菜单列表	4	5
⟨meta⟩	定义元信息	4	5
⟨meter⟩	定义预定义范围内的度量		5
⟨nav⟩	定义导航链接		5
⟨noframes⟩	定义 noframe 部分（HTML 5 中不支持）	4	
⟨noscript⟩	定义 noscript 部分	4	5
⟨object⟩	定义嵌入对象	4	5
⟨ol⟩	定义有序列表	4	5
⟨optgroup⟩	定义选项组	4	5
⟨option⟩	定义下拉列表中的选项	4	5
⟨output⟩	定义输出的一些类型		5
⟨p⟩	定义段落	4	5
⟨param⟩	为对象定义参数	4	5
⟨pre⟩	定义预格式化文本	4	5

续表

标　签	描　　述	备　注	
⟨progress⟩	定义任何类型的任务的进度		5
⟨q⟩	定义短的引用	4	5
⟨rp⟩	定义若浏览器不支持 ruby 元素显示的内容		5
⟨rt⟩	定义 ruby 注释的解释		5
⟨ruby⟩	定义 ruby 注释		5
⟨s⟩	定义加删除线的文本（HTML 5 中不支持）	4	
⟨samp⟩	定义样本计算机代码	4	5
⟨script⟩	定义脚本	4	5
⟨section⟩	定义 section	4	5
⟨select⟩	定义可选列表	4	5
⟨small⟩	定义小号文本	4	5
⟨source⟩	定义媒介源	4	5
⟨span⟩	定义文档中的 section	4	5
⟨strike⟩	定义加删除线的文本（HTML 5 中不支持）	4	
⟨strong⟩	定义强调文本	4	5
⟨style⟩	定义样式定义	4	5
⟨sub⟩	定义下标文本	4	5
⟨summary⟩	定义 details 元素的标题		5
⟨sup⟩	定义上标文本	4	5
⟨table⟩	定义表格	4	5
⟨tbody⟩	定义表格的主体	4	5
⟨td⟩	定义表格单元	4	5
⟨textarea⟩	定义 textarea	4	5
⟨tfoot⟩	定义表格的脚注	4	5
⟨th⟩	定义表头	4	5
⟨thead⟩	定义表头	4	5
⟨time⟩	定义日期/时间		5
⟨title⟩	定义文档的标题	4	5
⟨tr⟩	定义表格行	4	5
⟨tt⟩	定义打字机文本	4	5
⟨u⟩	定义下划线文本（HTML 5 中不支持）	4	
⟨ul⟩	定义无序列表	4	5
⟨var⟩	定义变量	4	5
⟨video⟩	定义视频		5
⟨xmp⟩	定义预格式文本（HTML 5 中不支持）	4	

注　4 指在 HTML 4.01 中定义了该元素；5 指在 HTML 5 中定义了该元素。

（二）HTML5 事件属性

HTML 5 元素可拥有事件属性，这些属性在浏览器中触发行为，例如当用户单击一个 HTML 5 元素时启动一段 JavaScript。下面列出的事件属性，可以把它们插入 HTML 标签来定义事件行为。HTML 5 中的新事件属性：onabort、onbeforeunload、oncontextmenu、ondrag、ondragend、ondragenter、ondragleave、ondragover、ondragstart、ondrop、onerror、onmessage、onmousewheel、onresize、onscroll、onunload。

HTML 5 不再支持的 HTML 4.01 属性：onreset。事件属性见表 2-2。

表 2-2 事件属性

属 性	值	描 述		备 注
onabort	script	发生 abort 事件时运行脚本		5
onbeforeonload	script	在元素加载前运行脚本		5
onblur	script	当元素失去焦点时运行脚本	4	5
onchange	script	当元素改变时运行脚本	4	5
onclick	script	在鼠标点击时运行脚本	4	5
oncontextmenu	script	当菜单被触发时运行脚本		5
ondblclick	script	当鼠标双击时运行脚本	4	5
ondrag	script	只要脚本在被拖动就运行脚本		5
ondragend	script	在拖动操作结束时运行脚本		5
ondragenter	script	当元素被拖动到一个合法的放置目标时，执行脚本		5
ondragleave	script	当元素离开合法的放置目标时		5
ondragover	script	只要元素正在合法的放置目标上拖动时，就执行脚本		5
ondragstart	script	在拖动操作开始时执行脚本		5
ondrop	script	当元素正在被拖动时执行脚本		5
onerror	script	当元素加载的过程中出现错误时执行脚本		5
onfocus	script	当元素获得焦点时执行脚本	4	5
onkeydown	script	当按钮按下时执行脚本	4	5
onkeypress	script	当按键被按下时执行脚本	4	5
onkeyup	script	当按钮松开时执行脚本	4	5
onload	script	当文档加载时执行脚本	4	5
onmessage	script	当 message 事件触发时执行脚本		5
onmousedown	script	当鼠标按钮按下时执行脚本	4	5
onmousemove	script	当鼠标指针移动时执行脚本	4	5
onmouseover	script	当鼠标指针移动到一个元素上时执行脚本	4	5
onmouseout	script	当鼠标指针移出元素时执行脚本	4	5
onmouseup	script	当鼠标按钮松开时执行脚本	4	5
onmousewheel	script	当鼠标滚轮滚动时执行脚本		5
onreset	script	当表单重置时执行脚本，不支持	4	

第七节 HTML5 技术

续表

属性	值	描述		备注
onresize	script	当元素调整大小时运行脚本		5
onscroll	script	当元素滚动条被滚动时执行脚本		5
onselect	script	当元素被选中时执行脚本	4	5
onsubmit	script	当表单提交时运行脚本	4	5
onunload	script	当文档卸载时运行脚本		5

注 1. 4 指在 HTML 4.01 中定义了该元素。
2. 5 指在 HTML 5 中定义了该元素。

（三）HTML5 标签属性

在每个标签的参考页中可以找到相应的特殊属性。这里列出的属性是通用于每个标签的核心属性和语言属性（有个别例外）。HTML 5 标签中的新属性有：contenteditable、contextmenu、draggable、irrelevant、ref、registrationmark、template。HTML 5 中不再支持的属性：accesskey。标签属性见表 2-3。

表 2-3　　　　　　　　　　标　签　属　性

属性	值	描述	备	注
accesskey	a character	设置访问一个元素的键盘快捷键。HTML5 不支持	4	
class	class_ruleorstyle_rule	元素的类名	4	5
contenteditable	true false	设置是否允许用户编辑元素		5
contentextmenu	ID of a menu element	给元素设置一个上下文菜单		5
dir	ltr rtl	设置文本方向	4	5
draggable	true false auto	设置是否允许用户拖动元素		5
id	ID_name	元素的唯一 id	4	5
irrelevant	true false	设置元素是否相关。不显示非相关的元素		5
lang	language_code	设置语言码	4	5
ref	urlorelementID	引用另一个文档或文档上另一个位置。仅在 template 属性设置时使用		5
registrationmark	registration mark	为元素设置拍照。可规定于任何〈rule〉元素的后代元素，除了〈nest〉元素		5
style	style_definition	行内的样式定义	4	5
tabindex	number	设置元素的 tab 顺序	4	5
template	urlorelementID	引用应该应用到该元素的另一个文档或本文档上另一个位置		5
title	tooltip_text	显示在工具提示中的文本	4	5

注　4 指在 HTML4.01 中定义了该元素；5 指在 HTML5 中定义了该元素。

思考与练习

1. 移动操作系统有哪些？分别有什么特点？
2. 二维码技术有哪些主要应用？
3. 简述 RFID 的基本原理。
4. 什么是 LBS 技术？它有哪些应用？
5. 什么是云计算？什么是大数据？什么叫物联网？
6. HTML 技术有哪些优点？
7. 简述云计算的优势。
8. 云计算的出现，除了给移动商务带新的机遇外，还会带来什么样的挑战？
9. 对比几种移动通信操作系统，简述各操作系统的优点和缺点。
10. 简述二维码和 RFID 技术的区别。

第三章

移动商务安全

【学习目标与要求】

了解移动电子商务面临安全威胁、移动 IP 的技术优势、GPRS 的优势和存在问题、4G 的技术特点，掌握手机病毒的种类、无线技术攻击手段、蓝牙协议分层结构、无线局域网的工作原理。

【学习重点】

无线技术攻击手段、蓝牙协议分层结构、无线局域网的工作原理。

【学习难点】

无线技术攻击手段、蓝牙协议分层结构。

第一节 移动商务安全概述

随着移动网络从 3G 到 4G 的演进和移动数据速率的提高，面向移动商务的业务领域快速发展。无线通信网络不像有线网络，它不受地理环境和通信电缆的限制就可以实现开放性的通信。无线信道是一个开放性的信道，它给无线用户带来通信自由和灵活的同时，也带来了诸多不安全因素。如今，互联网平台移动端角力加剧，加速迭代，各领风骚。它给人们的生活带来了巨大的变化，同时也带来了各种各样的风险。这是一个大的趋势，也是一种现实。然而移动互联网安全问题也会成为互联网发展的一个巨大障碍。

一、移动商务面临的安全威胁

无线通信网络不像有线网络，它不受地理环境和通信电缆的限制就可以实现开放性的通信。无线信道是一个开放性的信道，它给无线用户带来通信自由和灵活的同时，也带来了诸多不安全因素。

（一）网络本身的威胁

在无线通信过程中，所有通信内容（如通话信息，身份信息，数据信息等）都是通过无线信道开放传送的。因此存在一些威胁，如通信内容容易被窃听、通信双方的身份容易被假冒，以及通信内容容易被篡改等。

（二）无线 AdHoc 应用的威胁

除了互联网在线应用带来的威胁外，无线装置给其移动性和通信媒体带来了新的安全问题。考虑无线装置可以组成 AdHoc 网络。AdHoc 网络和传统的移动网络有着许多不同，其中一个主要的区别是：AdHoc 网络不依赖于任何固定的网络设施，而是通过移动节点间的相互协作来进行网络互联的。AdHoc 网络也正在逐步应用于商业环境中，如传感器网络、虚拟会议和家庭网络。例如，入侵一个节点的敌手可以给网络散布错误的路由信息，甚至使所有的路由信息都流向被入侵的节点。移动用户会漫游到许多不同的小区和安全域。通信由一个小区切换到另一个小区时，恶意的或被侵害的域可以通过恶意下载、恶意消息和拒绝服务来侵害无线装置。

（三）网络漫游的威胁

无线网络中的攻击者不需要寻找攻击目标，攻击目标会漫游到攻击者所在的小区。在终端用户不知情的情况下，信息可能被窃取或篡改；服务可被经意或不经意地拒绝；交易会中途打断而没有重新认证的机制。由刷新引起连接的重新建立会给系统引入风险，没有再认证机制的交易和链接的重新建立是危险的。链接一旦建立，使用SSL和WTLS的多数站点不需要进行重新认证和重新检查证书。

（四）物理安全

无线设备另一个特有的威胁就是因为体积极小以及没有建筑、门锁的看管保证而容易丢失和被窃。对个人来说，移动设备的丢失意味着别人将会看到电话上的数字证书，以及其他一些重要数据。利用存储的数据，拿到无线设备的人可以访问企业内部网络，包括E－mail服务器和文件系统等。目前，手持移动设备最大的问题就是缺少对特定用户的实体认证机制。

（五）商家欺诈行为造成的安全威胁

在移动商务中，消费者对于产品的了解只能通过图片和文字的简单说明了解，这就使消费者对商品的产地、规格、原材料来源、成分等真实情况缺乏全面、深入的了解。这种交易双方的信息不对称，现实中消费者购买的商品与广告的信息不符，这种虚假广告对消费者有欺诈行为。我国移动商务中的售后服务滞后，一旦消费者要向商家退货或索赔，商务网站需要提供该经营者的详细信息资料，但商务网站常常以商业秘密为由拒绝提供。

二、移动商务隐私问题

手机网络已由3G迈向4G，中国移动已准备推出5G网络制式，移动数据传输速度的提高和移动电子商务的迅速发展，使得移动电子商务中的隐私问题逐渐显现，还有一些移动电子商务应用的业务和技术问题也影响着公民隐私权的保护。

（一）垃圾短信息

在移动通信给人们带来便利和效率的同时，也带来了很多烦恼，遍地的垃圾短信广告干扰着我们的生活。在移动用户进行商业交易时，会把手机号码留给对方，有的用户甚至把手机号码公布在网上。这些都是他人获取手机号码的渠道。垃圾短信使得人们对移动商务充满恐惧，而不敢在网络上使用自己的移动设备从事商务活动。目前，还没有相关的法律法规来规范短信广告，运营商也只是在技术层面上来限制垃圾短信的群发。

（二）定位新业务的隐私威胁

定位是移动业务的新应用，使用的技术包括全球定位系统GPS（Global Positioning System）。GPS利用三颗以上GPS卫星就可精确定位（误差在几米之内）地面上的人和车辆。而手机的定位技术TOA，可根据从GPS返回的响应信号的时间信息定位手机所处的位置。移动酒吧就是一个典型的例子，当你走在路上时，这种服务可以在你的PDA上列出离你最近的五个酒吧的位置和其特色。定位服务在给我们带来便利的同时，也影响到了个人隐私。

(三) 其他方面的隐私威胁

存储于移动终端中的个人隐私信息越来越多；雇员的隐私由于工作的原因容易受到雇主侵犯；移动设备的隐私保护功能较弱；公司数据容易在无线网络中泄露；移动网络传输过程中存在许多容易泄露个人隐私的环节。

三、移动商务安全现状

(一) 手机勒索软件肆虐

2016年堪称勒索软件的元年，手机勒索软件出现裂变式传播和交叉传播新趋势，且变得更为复杂和多样，对企业用户和个人用户的数据以及设备安全造成了极大的威胁。

(二) 安卓平台漏洞频出

2016年绿盟漏洞公告平台、中国国家信息安全漏洞库、国家信息安全漏洞平台、CVE漏洞数量均比去年同期有所增长，增长幅度为10%～15%。与安卓手机本身相关的漏洞威胁手机安全相比，固件漏洞、移动操作系统漏洞开始增多，且呈现多样化趋势。

(三) 智能硬件千疮百孔

安卓恶意软件从手机、平板电脑跳转到其他安卓设备上，如智能电视、智能手环、摄像头等。同时智能设备的安全漏洞被黑客利用发起恶意攻击。数据存储安全、服务端控制措施部署不当、传输过程中未加密、密钥保护措施不当、敏感数据泄露等智能硬件安全问题，反映出大多数开发商安全意识的缺乏和安全能力的薄弱。

(四) 信息和数据泄露无处不在

手机、摄像头、可穿戴设备等智能硬件的普及以及关系到大众民生的各种信息系统的互联互通，意味着所有主体的信息都会被数字化，因此信息和数据泄露事件屡见不鲜，如雅虎10亿账户信息泄露以及1.17亿LinkedIn账户登录信息泄露。

(五) 政府更加关注和重视

2016年，中共中央、国务院、网信办、公安部、工信部等上下一致将移动安全、网络安全上升到国家战略地位，出台了多条相关的法律法规，立志净化网络空间安全、打击网络违法犯罪，助力安全市场发展，如《中华人民共和国网络安全法》正式出台，国家网信办发布《移动互联网应用程序信息服务管理规定》。

四、移动商务安全趋势

(一) 恶意软件将继续发展

恶意软件一直是攻击者达到攻击目标的最有效方式。2017年，恶意软件将继续演化发展，内存驻留恶意软件可能成为新趋势，这类软件难以检测。安卓平台将会继续出现多样化、更加成熟化的勒索木马程序。流氓恶意推广软件更加规模化的发展，会出现大量黑色产业利用泄露的用户隐私数据进行更加精细化的渗透和攻击。同时越来越多的厂商将提供恶意软件防御功能。

(二) 对于移动设备的攻击逐渐增长

2016年，安卓设备被爆出多起安全漏洞、恶意软件事件。2017年，针对移动设备的攻击更加猖獗,源于移动设备的企业泄露成为极为重要的企业安全问题。

(三)物联网设备配套的 APP 应用成为新的攻击对象

2016 年,物联网市场已经十分火爆,对于物联网的攻击行为也日益显现。随着物联网连接企业网络、消费者家庭和地方政府,安全风险正在不断加大。未来除了移动 APP 外,可穿戴设备、物联网设备配套的 APP 应用将成为主要攻击对象。针对不同类型的物联网和智能家居的木马程序可能会逐渐增多。

(四)大数据、人工智能和机器学习将更加成熟地应用于移动安全市场

现代的威胁情报馈送和混合 IT 环境使得安全监管和管理的活动超越了人类的能力。人工智能、机器学习、大数据、高级算法等能够发挥技术的优势帮助企业识别和响应攻击,变被动应对安全威胁为主动防御。

(五)态势感知将使移动安全可见、可控、可管、可预测

网络安全的威胁范围和内容不断扩大和演化,安全形势和挑战日益严峻,开放的网络环境迫切需求态势感知产品。2017 年,移动 APP 安全态势感知产品将全方位感知网络安全态势,实时监控移动 APP 安全状况,为安全监管部门提供属地化的移动互联网安全全景视图,其中包括移动 APP 分发渠道监测、APP 安全漏洞监测、APP 盗版仿冒监测、APP 恶意行为监测以及黄恐赌毒等内容违规监测,结合安全大数据进行挖掘和分析,使移动安全可见、可控、可管、可预测。

第二节 手机病毒及主要防治措施

手机病毒是一种具有传染性、破坏性的手机程序,可用杀毒软件进行清除与查杀,也可以手动卸载。其可利用短信、彩信、电子邮件、浏览网站、下载铃声、蓝牙等方式进行传播,导致手机死机、关机、个人资料被删、向外发送垃圾邮件、泄露个人信息、自动拨打电话、发短(彩)信等进行恶意扣费,甚至会损毁 SIM 卡、芯片等硬件,导致使用者无法正常使用手机。历史上最早的手机病毒出现在 2000 年。

一、手机病毒的种类及症状

在电子商务领域,移动终端主要有手机、笔记本计算机等。笔记本计算机面临的安全与普通计算机系统面临的安全威胁相同。在此,重点分析用于电子商务的手机终端新出现的一些安全隐患及相应的防护措施。

手机短信的诞生,掀起了一场通信革命,"拇指经济"拯救了不少危难之中的 IT 企业。然而,短信也如电子邮件一样吸引了病毒的传播。第一个造成危害的病毒 Timdomea 于 2001 年 6 月诞生于西班牙,这个病毒实际上是通过电子邮件散发的。它具有双重危害,不但可以像普通的邮件病毒那样,给地址簿中的邮件发送带病毒邮件,还具有利用短信服务器传送短信的功能,发送大量垃圾短信。手机病毒已成目前手机面临的最严重的安全问题。

目前发现的手机病毒大致有以下 4 类:

(1)通过传送蓝牙设备传播病毒卡比尔、Lasco.A。卡比尔是一种网络蠕虫病毒,它可以感染运行"Symbian"操作系统的手机。手机中了该病毒后,使用蓝牙无线功能会对邻近的其他存在漏洞的手机进行扫描，在发现漏洞手机后，病毒就会复制自己并发送到该手机上。

Lasco.A 病毒与蠕虫病毒一样，通过蓝牙无线传播到其他手机上，当用户点击病毒文件后，病毒随即被激活。

（2）针对移通信商的手机病毒"蚊子木马"。该病毒隐藏于手机游戏"打蚊子"的破解版中。虽然该病毒不会窃取或破坏用户资料，但是它会自动拨号，向所在地为英国的号码发送大量文本信息，结果导致用户的信息费剧增。

（3）针对手机 BUG 病毒"移动黑客"。移动黑客（Hack.Mobile.SMSDOS）病毒通过带病毒程序的短信传播，只要用户查看带病毒短信手机即刻自动关闭。

（4）利用短信或彩信进行攻击的"Mobile.SMSDOS"病毒。典型的例子就是出现的针对西门手机 Mobile.SMSDOS 病毒，Mobile.SMSDOS 病毒利用短信或彩信进行传播造成手机内部程序出错，导致手机不能正常工作。

手机中毒一般分为 3 种：①蓄意破坏型病毒，主要是手机变慢、删除或隐藏手机内的文件、增大手机内存使用量、频繁死机等明显的现象；②恶意吸费型病毒，一般都隐藏较深，造成花费的恶意流失，其特征一般是突然收费或订阅短信增多，花费突然增大，定制没有定制的业务；③恶作剧类型病毒，一般是恶意传播，破坏并不是很大，主要是造成用户使用障碍，主要特征明显。

二、手机病毒的原理

手机病毒和计算机病毒一样是一种计算机程序，只不过它以手机网络和计算机网络为平台，以手机为感染对象，通过病毒短信等形式对手机进行攻击，从而造成手机异常。不过，手机病毒必须具备两个基本的条件才能传播和发作：一个条件是移动服务商要提供数据传输功能；另一个条件是要求手机使用的是动态操作系统，也就是支持 Java 等程序写入功能。现在凡是具有上网及下载等功能的手机都满足上面的条件，这些智能型手机就相当于一部小型计算机，因此，有受到病毒攻击的可能，而普通手机（非上网）则少有感染的机会。

三、手机病毒的攻击模式

手机病毒大致有 3 种攻击方式：

（1）直接攻击手机本身，使手机无法提供服务；这种手机病毒是最初的形式，也是目前手机病毒的主要攻击方式；主要以"病毒短信"方式攻击手机；

（2）攻击 WAP 服务器使 WAP 手机无法接收正常信息，很多手机都支持 WAP 上网，而手机的 WAP 功能需要专门的 WAP 服务器来支持，一旦有人能发现 WAP 服务器的安全漏洞，就可以编制出能攻击 WAP 服务器的病毒，并对其进行攻击，手机将无法接通到正常网络；

（3）攻击和控制"网关"，向手机发送垃圾信息，网关是网络与网络之间的联系纽带，利用网关漏洞同样可以对整个手机网络施加影响，使手机的所有服务都不能正常工作；

（4）攻击整个网络。如今有许多手机都支持运行 Java 小程序。有些通过手机下载的小游戏，利用 Java 语言编写一些脚本病毒就可以攻击整个网络，使整个手机网络产生异常。

四、手机病毒的防护措施

（1）隐藏或关闭手机的蓝牙功能，以防手机自动接收病毒。

（2）不要往手机上下载和安装来路不明的软件。

（3）如果要上网下载软件，尤其是 Java 程序的软件，一定要到大的门户手机网站下载。

（4）安装手机杀毒软件并定期杀毒。

五、手机病毒实例

2017 年上半年以来，"想哭"敲诈勒索病毒、"暗云Ⅲ"变种木马及"Petya"勒索病毒接连爆发……这是自"熊猫烧香"以来，网络安全遭遇的又一次大规模、连续性的病毒危机，由此也为当前的互联网安全行业敲响了警钟。

截至 2016 年年末，我国网民数量已达到 7.31 亿人，移动端网民也已超过 6.5 亿人，病毒的肆虐对于用户来说已然成为了梦魇。近五年安卓端病毒数量呈直线上升趋势。2012 年，全球安卓端病毒数量约为 10.5 万起，到 2016 年，这一数字已大幅上升至 1743 万起，2017 年全年病毒量接近 2000 万起。

2017 年 5 月 12 日，全球 99 个国家和地区发生超过 7.5 万起电脑病毒攻击事件，罪魁祸首是一个名为"想哭"的勒索病毒。中招电脑将会被黑客远程锁定，如想找回重要资料，需向黑客缴纳高额比特币赎金。

该场病毒爆发事件中，俄罗斯、英国、中国、乌克兰等国"中招"，其中英国医疗系统陷入瘫痪，大量病人无法就医。中国的校园网也未能幸免，部分高校电脑被感染，学生毕业论文被病毒加密，网络世界一时间"哀鸿遍野"。微软紧急发布补丁；用户关闭 445 端口；360 等安全厂商先后推出防疫软件，多方联动才使这场病毒攻击暂时告一段落。

"想哭"病毒爆发近一个月后，不法分子又将魔爪伸向移动端，制造出了一款号称安卓版"永恒之蓝"的手机勒索病毒。该勒索病毒冒充热门游戏王者荣耀外挂，在手机端大规模扩散，拥有王者荣耀 CDK 生成器、王者荣耀美化、黑客工具宝盒等更多新变种，用户一旦中招，将会面临巨额勒索费用，如果拒不支付，一周之内相关加密文件就可能被删除。

360 手机卫士第一时间监测该勒索病毒已经通过新加密方式变种开始传播，并陆续发现新变种。360 手机卫士方面及时跟进，持续监控新变种，迅速发布了最新的恢复工具，并锁定该病毒制造者的个人信息，从源头上最快速度阻止病毒的进一步传播和扩散，保障了亿万网友的隐私、数据、信息安全。

勒索病毒的频繁爆发，让网民看到了网络世界的黑暗面，同时也再一次敲响安全警钟。近年来，我国网络的飞速发展，在为居民生活带来便利的同时，也在网民身边埋下了一颗颗定时炸弹。诸如此类漏洞一旦被利用，将对全球网民造成不可估量的损失。因此，网民还需提高警惕，强化防范意识，在手机、电脑中安装安全防护软件，以保护自身信息财产免受损失。

第三节 无线技术攻击手段

安全问题是无线网络的核心问题,也是由它固有的属性决定的。其中一些安全威胁和有线网络相同,另一些则是无线网络特有的。最重要的安全威胁来自于底层的通信媒介——电磁波,因为无线传输中的信号是没有明确的边界的。因此,对于入侵者来说它是开放的,从而为入侵者嗅探信号带来方便。无线网络典型的安全威胁包括泄密、破坏数据的完整性和拒绝服务攻击等。非授权的用户若获得了对系统的访问,可能会破坏系统数据,消耗网络带宽,降低网络的性能,发起阻止授权用户访问网络的攻击,或利用代理去攻击别的网络。

一、无线窃听

传统的有线网络是利用光缆或电缆作为传播介质。这些介质大部分处于地下等一些比较安全的场所,所以中间的传输区域相对是受控制的。而无线网络是利用无线电波进行传播,当前的无线网络技术几乎没有提供控制覆盖区域的手段和方法,尤其是在手机网络这样的大区域蜂窝网络内,根本无法对无线介质进行控制。所以,无线技术一个最广为人知的问题是其无线信号很容易受到拦截并被解码,在网络上进行窃听的设备往往和网络接入设备一样简单。例如,最近有媒体报道各地有手机窃听设备在公开出售,结构和一般手机几乎一样,只是在其中加装了一些芯片,价格比一般手机稍微贵一些。利用无线网卡可以在无线 LAN 附近接收数据,而使用天线和放大器可以让攻击者在几十千米外接收 802.11 网络的信号,从而窃听无线网络通信。

二、通信干扰

通信干扰是指通信链路的正常发送和接收受到了其他因素的干扰而无法使用。干扰方式主要有以下 3 种:

(1) 客户端干扰。干扰者利用干扰设备对客户端进行干扰,中断其对正常网络接入点的连接,从而为自己冒充客户端提供机会。更高级的攻击可能会将客户端重新连接到欺诈站点。

(2) 基站干扰。干扰者利用干扰设备对基站进行干扰,从而为自己冒充合法基站提供机会。

(3) 拒绝服务干扰。干扰者利用大功率的干扰设备使得整个区域(包括客户端和基站)都被干扰淹没,以至于没有基站可以相互通信。这种攻击关闭了特定区域的所有通信,从而使得通信服务无法实现。

三、信息篡改

攻占者在劫持了正常的通信连接后,在原来的数据上进行修改或者恶意地插入一些数据和命令,这种攻击称为插入攻击。插入攻击同样可以造成拒绝服务。攻击者可以利用虚假的连接信息使得接入点或基站误以为已达到连接上限,从而拒绝对合法用户的正常访问请求。

和插入攻击很类似的是中间人攻击(Man-In-The-Middle Attack,简称 MITM 攻击)。MITM 攻击通常会伪装为网络资源，当客户端发起连接时，攻击者将拦截这个连接，然后冒充客户端与真正的网络资源完成这个连接并代理通信。此时，攻击者能够在客户端和网络资源中间任意地插入数据、修改通信或者窃听会话。

四、欺诈客户

在研究了使用中的客户以后，攻击者可能会选择模仿或者克隆客户身份来获得对网络和业务的访问。同时也可能模仿网络接入点来假冒网络资源，客户会毫不知情地连接到伪装接入点并泄露一些敏感信息，从而造成对客户的欺诈。由于目前很多的无线局域网都是开放的，所以攻击者可以匿名访问不安全的接入点，获得免费匿名接入因特网。攻击者接入网络后又可以对其他网络进行恶意攻击，如果网络操作员不采取谨慎的措施的话，攻击者将会通过他们的网络而对其他网络进行攻击。

第四节 移动电子商务的安全技术

一、生物识别技术

随着移动端手机、平板电脑的硬件发展和软件进步，有些手机或平板已经实现了生物识别。例如，iPhone5S/C 基于摄像头的指纹识别技术、微软的基于摄像头的人脸识别技术以及常用的手势加密等方式以最简单快捷的形式完成身份识别。在移动端计算能力不断提升、摄像头的普及的前提下，已经有很多 iOS 和 Android 的应用软件能够在不增加硬件设施的情况下实现指纹识别，这类技术的使用能够极大地提高移动设备的私密性和抗破解能力。做到了即使丢失也很难被破解。

二、WEP2 协议

在 RSA 公钥加密技术上发展而来的有线等效保密（Wired Equivalent Privacy，WEP）是第一代的移动安全技术。而后针对 WEP 的缺陷发明了 WPA 技术，在 WPA 技术的基础上进一步优化算法做出了 WPA2 技术。目前 WPA2 技术是无线网络加密的最高等级，用计数器模式密码块链消息完整码协议（Counter CBC - MAC Protocol，CCMP）算法和高级加密标准（Advanced Encryption Standard，AES）算法。但是近年来日本学者破解了该套算法的较简单密码。不过随着硬件技术的提升，完全可以采用设置更复杂密码加关闭 WPS/QSS 的方式提高安全性，至少在目前来说是无限无线的最高安全技术。

三、WPKI 管理系统

无线公开密钥基础设施（Wireless Public Key Infrastructure，WPKI）是将互联网电子商务中 PKI 安全机制引入到无线网络环境中的一套遵循既定标准的密钥及证书管理平台体系，用它来管理在移动网络环境中使用的公开密钥和数字证书，可有效建立安全和值得信赖的无线网络环境。

WPKI 并不是一个全新的 PKI 标准，它是传统的 PKI 技术应用于无线环境的优化扩展。它采用了优化的 ECC 椭圆曲线加密和压缩的 X.509 数字证书。它同样采用证书管理公钥，通过第三方的可信任机构——认证中心（CA）验证用户的身份，从而实现信息的安全传输。

WPKI 系统包括 6 个部分：①移动终端；②CA；③证书数据库；④PKI Portal；⑤WAP 网关；⑥源服务器。

目前，WPKI 可以用于网上银行和网上证券这两种移动电子商务中。

（1）网上银行。网上银行的应用主要有无线电子支付和转账两种方式。用户可以利用手机完成实时的支付。在付款过程中，用户通过认证后输入相应的银行卡账号，支付系统会从远程账号上自动减掉这笔账目，主要处理交易完成之后回传给用户相应信息，并加以确认。用户也可以通过手机连接到银行，执行登录操作后进行转账交易。此时，银行的相应服务器必须确认用户的转账交易资料，它会要求用户端作电子签章的确认，也会发给用户一份电子收据。

（2）网上证券。通过移动终端设备进行无线网上证券交易给用户带来了极大便利，减少了操作时间，提高了办事效率，但也面临着安全性和可靠性的问题。类似于网上银行系统的实现，采用 WPKI 体系作为安全技术框架，移动用户可以通过使用个人拥有的数字证书，使信息获得更有效的、点到点的安全保障。

四、CA 认证

CA 系统是结合 WPKI 系统使用的第三方证书管理系统。CA 认证总体来说是一种公钥及 CA 签名的管理机构，为交易的双方提供证书认证。这种证书中含有交易双方的基本资料、加密的数字签名、公钥信息以及 CA 自身的数字签名。为交易的双方提供身份验证同时赋予移动电子商务交易的不可否认性。

通过对密钥进行有效管理，并发数字证书证明密钥的有效性，将公开密钥与使用移动电子商务的企业和用户结合，利用数字证书、数字签名、加密算法等加密技术，建立起加解密和认证系统，防止电子商务交易中一些重要数据在传输过程中被窃取和篡改以及欺诈等问题的威胁，确保电子商务交易安全进行，并保障支付安全。

五、防病毒技术

防病毒技术主要做到病毒查杀、新病毒迅速反应、病毒实时监测、快速方便的升级与系统兼容性等方面，以保证移动设备终处于较好较稳定的工作状态。

第五节　移动电子商务的实现技术

一、无线应用协议

（一）无线应用协议概述

1. 无线应用协议的概念

无线应用协议（Wireless Application Protocol，WAP）是一个用于向无线终端进行智能化信息传递的无需授权、不依赖平台的协议。

WAP 针对屏幕较小、连接速率较低和内存较小设备的上网需求而设计，提供一种以安全迅速、灵活、在线和交互的方式连接服务、信息和其他用户的媒介。

2. 无线应用协议的特点

（1）WAP 是公开的全球无线协议标准，并且是基于现有的互联网标准制定的。

(2) WAP 提供了一套开放、统一的技术平台。

(3) WAP 协议可以广泛地运用于 GSM、CDMA、TDMA、3G 等多种网络。

(4) 为了保持现有的巨大的移动市场，WML 用户的界面直接映射到现有的手机界面上。

（二）无线应用协议的体系结构

WAP 的体系结构如下：①无线应用环境（Wireless Application Environment，WAE）；②无线会话协议（Wireless Session Protocol，WSP）；③无线事务协议（Wireless Transaction Protocol，WTP）；④无线传输层安全（Wireless Transport Layer Security，WTLS）；⑤无线数据报协议（Wireless Datagram Protocol，WDP）。

（三）无线应用协议移动商务安全架构体系

WAP 移动商务安全架构体系如图 3-1 所示。

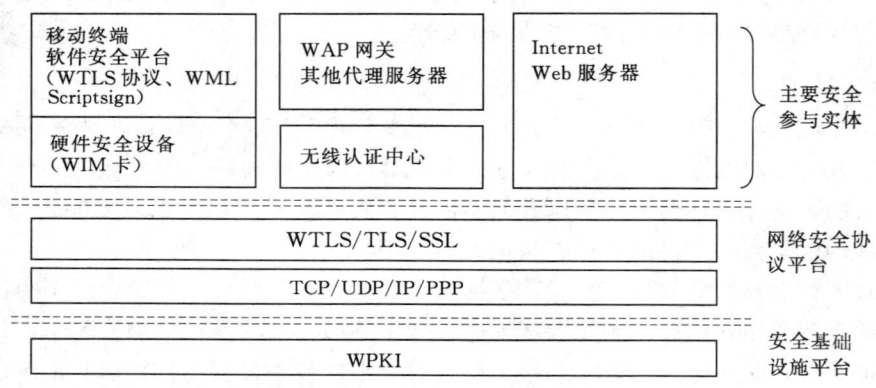

图 3-1　WAP 移动商务安全架构体系

1. 无线标记语言脚本加密应用程序接口 MLSCrypt

无线标记语言脚本（Wireless Makeup Language Script，WMLScript）作为 JavaScript 的扩展子集，针对窄带宽进行了优化。MLSCrypt（WMLScript Crypto API）是一个应用编程接口，使用该接口可访问 WMLScript 加密库中的安全函数（如密钥对的生成、数字签名及处理 PK 中常用的一些数据对象的函数）。

2. 无线个人身份模块 WIM

WIM 是安装在 WAP 终端设备中的一种无法被篡改的计算机芯片，包含了 WTLS 客户端和服务器端采用 X.509 格式证书相互进行鉴别的功能，并嵌入了对公开密钥加密技术的支持。

3. 无线传输层安全协议 WTLS

WTLS 是以 TLS 标准为基础发展而来的，并针对无线网络环境中的连接方式、计算能力、带宽限制等特点进行了必要的改造，支持数据报服务、支持优化的分组大小以及握手、动态密钥更新，提供了实体鉴别、数据加密和保护数据完整性的功能，可以确保在 WAP 终端和 WAP 网关之间的安全通信。

4. 无线公钥基础设施

WPKI 是对传统 ITIF 基于 X.509 公钥基础设施 PKI（Public Key Infrastructure）的优化和扩展，它将互联网电子商务中 PKI 的安全机制引入到移动电子商务中，采用公钥基础设施、证书管理策略、软件和硬件等技术，有效建立安全和值得信赖的无线网络通信环境。

二、移动 IP

随着互联网的飞速发展和移动计算机日益广泛的应用，推动了对移动计算机无线接入的研究，即移动 Internet 的研究。像其他台式机用户一样，移动计算机用户希望接入同样的网络，共享资源和服务，而不局限于某一固定区域。当它移动时，移动计算机用户也能方便地断开原来的连接，并建立新的连接。IETF（Internet 工程任务组）为了迎合这种需求，制定了移动 IP 协议，从而使 Internet 上的移动接入成为可能。

（一）移动 IP 概述

移动 IP 节点拥有两个 IP 地址。一个是归属地址，是移动节点与归属网连接时使用的地址，不管移动节点移至网络何处，其归属地址保持不变。另一个是转交地址，就是隧道终点地址，转交地址可能是外区代理转交地址，也可能是驻留本地的转交地址。通常用的是外区代理转交地址。在这种地址模式中，外区代理就是隧道的终点，它接收隧道数据包，解除数据包的隧道封装，然后将原始数据包转发到移动节点。

（二）移动 IP 的关键技术

1. 代理发现

移动 IP 通过扩展现有的"ICMP 路由器发现"机制来实现代理发现。代理发现机制检测移动节点是否从一个网络移动到另一个网络，并检测它是否返回归属链路。当移动节点移动到一个新的外埠链路时，代理发现机制也能帮助它发现合适的外埠代理。

2. 隧道技术

隧道技术在移动 IP 中非常重要。移动 IP 使用 IP 的 IP 封装、最小封装和通用路由封装 3 种隧道技术。

（1）IP 的 IP 封装，由 RFC2003 定义，用于将 IPv4 包放在另一个 IPv4 包的净荷部分。其过程非常简单，只需把一个 IP 包放在一个新的 IP 包的净荷中。采用 IP 的 IP 封装的隧道对穿过的数据包来说，犹如一条虚拟链路。移动 IP 要求归属代理和外埠代理实现 IP 的 IP 封装，以实现从归属代理到转交地址的隧道。

（2）IP 的最小封装，由 RFC2004 定义，是移动 IP 中的一种可选隧道方式。目的是减少实现隧道所需的额外字节数，通过去掉 IP 的 IP 封装中内层 IP 报头和外层 IP 的报头的冗余部分完成。与 IP 的 IP 封装相比，它可节省字节（一般 8byte）。但当原始数据包已经过分片时，最小封装就无能为力了。在隧道内的每台路由器上，由于原始包的生存时间域值都会减小，以使归属代理在采用最小封装时，移动节点不可到达的概率增大。

（3）通用路由封装，通用路由封装（GRE）定义了在任意一种网络层协议上封装任意一个其他网络层协议的协议。

在大多数常规情况下，系统拥有一个有效载荷（或负载）包，需要将它封装并发送至某个目的地。首先将有效载荷封装在一个 GRE 包中，然后将此 GRE 包封装在其他某协议中并进行转发。此外发协议即为发送协议。当 IPv4 被作为 GRE 有效载荷传输时，协议类型字段必须被设置为 0x800。当一个隧道终点拆封此含有 IPv4 包作为有效载荷的 GRE 包时，IPv4 包头中的目的地址必须用来转发包，并且需要减少有效载荷包的 TTL。值得注意的是，在转发这样一个包时，如果有效载荷包的目的地址就是包的封装器（也就是隧道另一端），就会出现回路现象。在此情形下，必须丢弃该包。当 GRE 包被封装在 IPv4 中时，需要使用 IPv4 协议 47。

GRE 下的网络安全与常规的 IPv4 网络安全是较为相似的，GRE 下的路由采用 IPv4 原本使用的路由，但路由过滤保持不变。包过滤要求防火墙检查 GRE 包，或者在 GRE 隧道终点完成过滤过程。在那些这被看作是安全问题的环境下，可以在防火墙上终止隧道。

GRE 协议是对某些网络层协议（如 IP 和 IPX）的数据报文进行封装，使这些被封装的数据报文能够在另一个网络层协议（如 IP）中传输。GRE 采用了 Tunnel（隧道）技术，是 VPN 的第三层隧道协议。

Tunnel 是一个虚拟的点对点的连接，提供了一条通路使封装的数据报文能够在这个通路上传输，并且在一个 Tunnel 的两端分别对数据报进行封装及解封装。一个 X 协议的报文要想穿越 IP 网络在 Tunnel 中传输，必须要经过加封装与解封装两个过程。

（三）移动 IP 的技术优势

（1）强大的漫游功能。移动用户在企业网各子网之间，Internet 与企业网之间自由漫游，方便地使用原有企业网中的资源。

（2）双向通信。移动用户在位置变化时，仍然可以方便地通过转交地址进行通信，其他用户也仍然可以通过该用户原来的 IP 地址与该用户通信，不受地理位置对网络通信的限制，实现真正的双向通信。

（3）网络透明性。移动用户漫游时，无需对计算机原有网络设置做任何改动，也无需改动所接入的外地网络和家乡网络设置。

（4）应用透明性。移动用户在进行漫游时，无需对个人计算机和网络主机上的基于 IP 的应用进行任何改动，无需增加额外的用户管理和权限管理，实现了应用系统的透明性。

（5）良好的安全性。采用隧道技术进行加密传输和身份认证，不增加移动用户带来的新的安全隐患。

（6）实现虚拟企业网功能。安装了移动 IP 服务器的子网之间可以通过隧道方式进行通信，移动用户也可以通过隧道方式与企业网进行通信，它实际上已经部分实现了 VPN 的功能。

（7）链路无关性。移动 IP 技术与低层链路无关，可以同时支持无线、有线网络环境。

（四）移动 IP 技术的优势及发展前景

1. 传输速率的改进

新的数据通信时代的到来，使得移动数据传输能力大为增强，同时受环境的限制越来越少，无论室内还是室外、手持还是摆放、行走还是开车，数据传输的业务数据均能达到较高的水平,移动数据的高速传输,对移动终端网络化、智能化的发展起到了极大的推动作用,很多功能不需要重启主机、不需配置硬件环境等,均能轻易实现,具有良好的市场空间。

2. 移动 IP 将作为 5G 时代的主流技术

随着 4G 技术的日益成熟,人们开始将目光转向 5G 技术的研发。目前,5G 技术已经问世,其发展方向和目标着眼于提高移动设备无线访问 Internet 的主干宽带和 Internet 的速率,传输速度可达每秒数十 Gb,这比 4G 网络的传输速度快数百倍,整部超高画质电影可在 1s 之内下载完成。这一目标的实现,将有利于从宽带的 CDMA 向全 IP 网络演进,并使移动 IP 技术成为 5G 时代的主流技术。

(五)移动 IP 在高校的移动办公的案例

1. 各个院系之间移动办公

传统校园的网络拓扑结构如图 3-2 所示。某校园网由网控中心、主干网和各院系的局域网组成。各个院系及学校后勤、学校领导等各自为相互独立的局域网。按照传统的以太网络技术,不能实现各个院系的移动终端不能实现跨网漫游的功能。而在校园内,移动办公的需求日益增加。

图 3-2 传统校园的网络拓扑结构

传统的校园网限制了移动办公的需求。但是,采用移动 IP 技术后就可以轻松实现跨网段漫游。例如,管理学院的一名教授到计算机学院或人文学院进行学术交流,在学术研讨的同时需要实时访问自己管理学院的相关资料。这样,他就可以轻松实现移动办公,甚至连他自己都感觉不到已经出了管理学院的网络环境,如图 3-3 所示。

2. 全校学生档案、财务数据、技术资料等数据库的统一

以前,各个校园中的学生档案、校园文献、技术资料等数据库大部分都是按照院系分别管理,同时学校又分别保存一份相应的数据库。这样就带来了数据冗余、数据更新不同步等缺点。

在各个院系及网络中心采用了移动 IP 技术后,可以彻底地解决以上问题。首先由网络中心将全校的学生档案、校园文献、技术资料分别划分为专用的子网加以统一管理。这样,各个院系的学生档案组成一个独立的网络环境;同理,校园文献、技术资料也组成不

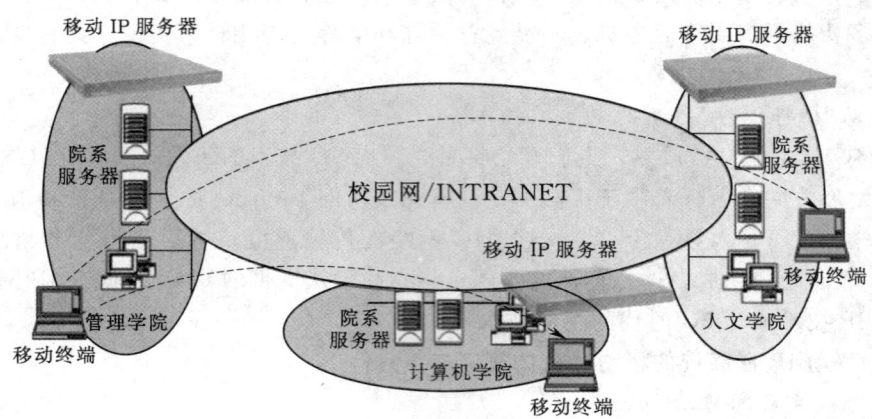

图 3-3 实现了移动 IP 功能的校园网

同的网络环境。这样就实现了各个院系及网络中心间数据库存在一定的冗余，同时保持数据的更新一致性，如图 3-4 所示。

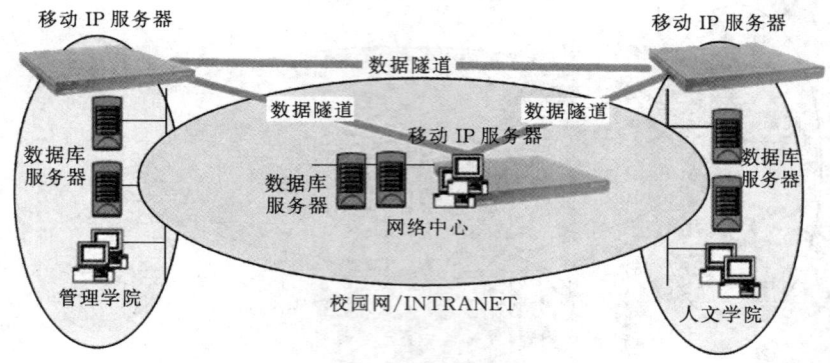

图 3-4 采用了移动 IP 统一校园数据库

3. 主校和分校之间移动办公的实现

随着各高校招生规模的逐年扩大，许多高校设立了自己的教学分支机构。使用移动 IP 技术就可以完美地解决主校和分校之间的移动办公，如图 3-5 所示。

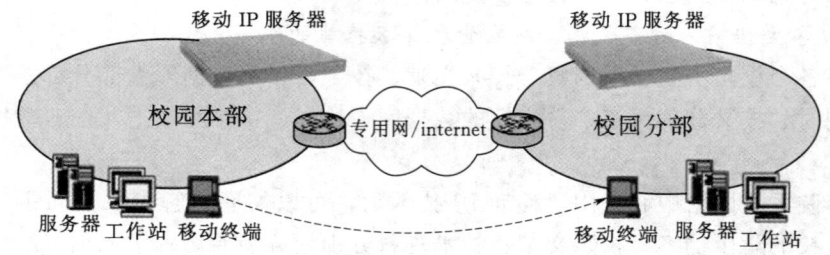

图 3-5 移动 IP 技术使校园本部分部之间实现移动办公

三、蓝牙

（一）蓝牙技术概述

1. 技术规范

V1.1（1998年）：最早期版本，传输率为748~810kbps，容易受到同频率之产品干扰，通讯质量较差。

V1.2：748~810kbps的传输率，增加了抗干扰跳频功能。

V2.0：V1.2的改良提升版，传输率为1.8~2.1Mbps，可同时传输语音、图片和文件。

V2.1（2004年）：改善了装置配对流程和短距离配对，具备了在两个支持蓝牙的手机之间互相进行配对与通信传输的NFC机制，具备更佳的省电效果。

V3.0（2009年）：通常成为蓝牙高速传输技术，传输速率更高，功耗更低。

V4.0（2010年）：包括三个子规范，即传统蓝牙技术、高速蓝牙和新的蓝牙低功耗技术。蓝牙4.0的改进之处主要体现在电池续航时间、节能和设备种类三个方面上。有效传输距离也有所提升为60m。

每个规范版本按通信距离可再分为Class1和Class2。

（1）Class1。传输功率高、传输距离远，但成本高、耗电量大，不适合作为个人通信产品，多用于部分商业特殊应用场合，通信距离为80~100m。

（2）Class2。目前最流行的制式，通信距离8~30m，视产品的设计而定，多用于手机、蓝牙耳机、蓝牙适配器等个人通信产品，耗电量和体积较小，方便携带。

2. 基本概念

蓝牙技术（Bluetooth technology），是一种短距离无线通信技术，利用蓝牙技术，能够有效地简化掌上电脑、笔记本电脑和移动电话等移动通信终端设备之间的通信，也能够成功地简化以上这些设备与Internet之间的通信，从而使这些现代通信设备与因特网之间的数据传输变得更加迅速高效，为无线通信拓宽道路。

主/从设备：蓝牙通常采用点对点的配对连接方式，主动提出通信要求的设备是主设备（主机），被动进行通信的设备为从设备（从机）。

蓝牙设备状态：蓝牙设备有待机和连接两种主要状态，处于连接状态的蓝牙设备可有激活、保持、呼吸和休眠4种状态。

对等网络Ad-hoc：蓝牙设备在规定的范围和数量限制下，可以自动建立相互之间的联系，而不需要一个接入点或者服务器，这种网络称为Ad-hoc网络。由于网络中的每台设备在物理上都是完全相同的，因此又称为对等网。

跳频扩频技术（FHSS）：收发信机之间按照固定的数字算法产生相同的伪随机码，发射机通过伪随机码的调制，使载波工作的中心频率不断跳跃改变，只有匹配接收机知道发射机的跳频方式，可以有效排除噪音和其他干扰信号，正确地接收数据。

时隙：蓝牙采用跳频扩频技术，跳频频率为1600跳/s，即每个跳频点上停留的时间为$625\mu s$，这$625\mu s$就是蓝牙的一个时隙，在实际工作中可以分为单、多时隙。

蓝牙时钟：蓝牙时钟是蓝牙设备内部的系统时钟，是每一个蓝牙设备必须包含的，决定了收发器的时序和跳频。蓝牙时钟频率为3.2kHz，该时钟不会被调整或关掉。

(二)蓝牙协议体系

蓝牙协议采用分层结构,遵循开放系统互联(Open System Interconnection,OSI)参考模型,如图3-6所示。

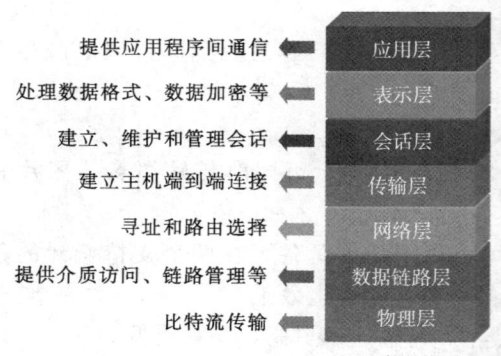

图3-6 分层结构

(三)蓝牙协议体系

蓝牙技术的系统结构分为3大部分:①底层硬件模块;②中间协议层;③高层应用。

(四)蓝牙的应用实例

1. 新飞度FIT Zone品牌体验空间亮相广州

新飞度FIT Zone品牌体验空间现场共设计摆放三个真车展示柜,并特别设计了蓝牙互动。观众在近距离欣赏新飞度展车的同时,可以通过手机蓝牙功能,接受虚拟主持人发出的互动邀约,参与答题闯关赢飞度游戏,答对问题者有机会获得新飞度车模。同时,现场还可以通过蓝牙下载超级好听的新飞度广告歌 *Happy Day* 手机铃声,预约试驾新飞度。这一创新的互动体验,无疑让现场体验者印象深刻。进入蓝牙广告范围(20~50m)的手机会收到提示:"广州本田飞度希望与您的手机交换对象,是否接受?"的提示,按确定则会收到两个文件:Let's FIT.wml 和飞度主题曲 *Happy Day*。

2. 进口大众"尚酷"

将信息输出设备安装在影院内,观众进入影院后在距设备20~30m范围内进行自动发送,每部手机在蓝牙开启状态下将提示3次,3次后将不再提示。

观众到影院内可以看到"尚酷"形象推广,还可进行互动,同时可将信息通过手机相互传阅,信息传播范围更为广阔,使人印象更加深刻。除此之外,收到广告信息的受众可凭借手机彩信屏保获取大众的精美礼品——印有产品logo的趣味魔方。

影片覆盖:投放周期内,覆盖至少10余部热映影片,关注度充足,观众群体覆盖面广。

档期内覆盖:覆盖总场次约17000场;覆盖观影人次约900000人次。

四、无线局域网

无线局域网络(Wireless Local Area Networks,WLAN)是一种借助无线技术取代以往有线布线方式构成局域网的新手段,可提供传统有线局域网的所有功能,它支持较高的传输速率。它通常利用射频无线电或红外线,借助直接序列扩频(DSSS)或跳频扩频(FHSS)、GMSK、OFDM 和 UWBT 等技术实现固定、半移动及移动的网络终端对因特网网络进行较远距离的高速连接访问。

(一)无线局域网的特点

(1)安装便捷。一般在网络建设中,施工周期最长、对周边环境影响最大的,就是网络布线施工工程。而无线局域网最大的优势就是免去或减少了网络布线的工作量,一般只要安装一个或多个接入点AP(Access Point)设备,就可建立覆盖整个建筑或地区的局域网络。

(2) 使用灵活。在有线网络中，网络设备的安放位置受网络信息点位置的限制。而一旦无线局域网建成后，在无线网的信号覆盖区域内任何一个位置都可以接入网络。

(3) 经济节约。由于有线网络缺少灵活性，这就要求网络规划者尽可能地考虑未来发展的需要，这就往往导致预设大量利用率较低的信息点。而一旦网络的发展超出了设计规划，又要花费较多费用进行网络改造，无线局域网可以避免或减少以上情况的发生。

(4) 易于扩展。无线局域网有多种配置方式，能够根据需要灵活选择。这样，无线局域网就能胜任从只有几个用户的小型局域网到上千用户的大型网络，并且能够提供像"漫游"等有线网络无法提供的特性。

(二) 无线局域网的应用

(1) 接入网络信息系统。例如，电子邮件、文件传输和终端仿真。

(2) 难以布线的环境。例如，老建筑、布线困难或昂贵的露天区域、城市建筑群、校园和工厂。频繁更换工作地点和改变位置的零售商、生产商，以及野外勘测、试验、军事、公安和银行等，使用便携式计算机等可移动设备进行快速网络连接。

(3) 用于远距离信息的传输。例如，在林区进行火灾、病虫害等信息的传输；公安交通管理部门进行交通管理等。

(4) 专门工程或高峰时间所需的暂时局域网。例如，学校、商业展览、建设地点等人员流动较强的地方；利用无线局域网进行信息的交流；零售商、空运和航运公司高峰时间所需的额外工作站等。

(5) 流动工作者可得到信息的区域。例如，需要在医院、零售商店或办公室区域流动时得到信息的医生、护士、零售商、白领工作者；办公室和家庭办公室（SOHO）用户，以及需要方便快捷地安装小型网络的用户。

(三) 无线局域网的结构

(1) 网桥连接型。不同的局域网之间互联时，由于物理上的原因，若采取有线方式不方便，则可利用无线网桥的方式实现两者的点对点连接。无线网桥不仅提供两者之间的物理与数据链路层的连接，还为两个网的用户提供较高层的路由与协议转换。

(2) 基站接入型。当采用移动蜂窝通信网接入方式组建无线局域网时，各站点之间的通信是通过基站接入、数据交换方式来实现互联的。各移动站不仅可以通过交换中心自行组网，还可以通过广域网与远地站点组建自己的工作网络。

(3) HUB 接入型。利用无线 HUB 可以组建星型结构的无线局域网，具有与有线 HUB 组网方式相类似的优点。在该结构基础上的 WLAN，可采用类似于交换型以太网的工作方式，要求 HUB 具有简单的网内交换功能。

(4) 无中心结构。要求网中任意两个站点均可直接通信。此结构的无线局域网一般使用公用广播信道，MAC 层采用 CSMA 类型的多址接入协议。

(四) 无线局域网的工作原理

1. 无线局域网的组成

无线局域网由无线网卡、无线接入点（Access Point，AP）、计算机和有关设备组成，采用单元结构，将整个系统分成许多单元，每个单元称为一个基本服务组（BSS）。BSS

的组成有以下3种方式：

（1）集中控制式：每个单元由一个中心站控制，网中的终端在该中心站的控制下与其他终端通信。尽管BSS区域较大，但其所建中心站的费用较昂贵。

（2）分布对等式：BSS中任意两个终端可直接通信，无需中心站转接。尽管BSS区域较小，但这种方式的结构简单，使用方便。

（3）集中控制式与分布对等式相结合的方式。

一个无线局域网可由一个基本服务区（BSA）组成，一个BSA通常包含若干个单元，这些单元通过AP与某骨干网相连。骨干网可以是有线网，也可以是无线网。

2. 无线局域网的网络结构

WLAN使用的端口访问技术IEEE 802.11b标准支持两种网络结构。

（1）基于AP的网络结构。所有工作站都直接与AP无线连接，由AP承担无线通信的管理及与有线网络连接的工作，是理想的低功耗工作方式，可以通过放置多个AP来扩展无线覆盖范围，并允许便携机在不同AP之间漫游。目前实际应用的WLAN建网方案中，一般采用这种结构，同时考虑到安全因素，AP必须和交换机各端口进行两层隔离。交换机采用IEEE 802.1Q标准的VLAN方式。VLAN对接入交换机每一端口的AP都必须分配一个网内唯一的VLAN ID。

（2）基于P2P（Peer to Peer）的网络结构。这种网络结构用于连接PC或POCKET PC，允许各台计算机在无线网络所覆盖的范围内移动并自动建立点到点的连接。

3. 无线局域网的工作方式

WLAN由无线网卡、接入控制器设备（Access Controller，AC）、无线接入点、计算机和有关设备组成。下面以最广泛使用的无线网卡为例说明WLAN的工作原理。

一个无线网卡主要包括网卡（NIC）单元、扩频通信机和天线3个组成功能块。NIC单元属于数据链路层，由它负责建立主机与物理层之间的连接。扩频通信机与物理层建立了对应关系，实现无线电信号的接收与发射。

当计算机要接收信息时，扩频通信机通过网络天线接收信息，并对该信息进行处理，判断是否要发给NIC单元，如是则将信息帧上交给NIC单元，否则丢弃。如果扩频通信机发现接收到的信息有错，则通过天线发送给对方一个出错信息，通知发送端重新发送此信息帧。

当计算机要发送信息时，主机先将待发送的信息传送给NIC单元，由NIC单元首先监测信道是否空闲，若空闲立即发送，否则暂不发送，并继续监测。可以看出，WLAN的工作方式与IEEE802.3定义的有线网络的载体监听多路访问/冲突检测（CSMA/CD）工作方式很相似。

（五）无线局域网的应用实例

耀越公司是一家典型的中小企业，正处于一种高成长和充满无数可能的发展状态。面对剧烈的市场竞争、机遇和挑战，公司的业务规模、人员，甚至办公场地，都处于一种持续的变化之中，甚至可以用瞬息万变来形容。因此，如何为公司搭建一个能从容应对来自外部和自身内部变化的局域网作为公司网络相关信息通讯和办公的基础设施，是一大挑战。在耀越总公司乔迁新的办公地址之后，为了方便移动办公和免除综合布线的费用和时间以及办公人员的变化，综合多方考虑，耀越公司决定全部采用技嘉的无线路由器和无线网卡来构建公司内部无线网络，从而让公司网络基础设施处变不惊，既能满足当下的应用需求，又能应对公司未来发展变化，大大提高了公司办公网络的灵活性，节约开支降低成本，进而提高了工作效率。

耀越公司的整个无线网络由一台技嘉 B49G 108M 无线路由器、一台技嘉 A11G 54M 无线 AP、14 块技嘉 WPKG 54M PCI 无线网卡及 2 块技嘉 WMAG 108M PCMCI 无线网卡组成。把技嘉 B49G 108M 无线路由器和 ADSL 相连，而技嘉 A11G 54M 无线 AP 则通过有线和 B49 连接。所有的台式机采用了技嘉 WPKG 54M PCI 无线网卡，而笔记本电脑采用了技嘉 WMAG 108M PCMCI 无线网卡。整个网络集灵活性、安全性、易用性和稳定性于一体，不仅节省了综合布线的费用和时间，大大提高了办公的效率，而且能应对中小企业的高成长和变化的特点。

五、通用分组无线业务

（一）概述

通用无线分组业务（General Packet Radio Service，GPRS）作为第二代移动通信技术 GSM 向第三代移动通信（3G）的过渡技术，是由英国 BT Cellnet 公司早在 1993 年提出的，是 GSM Phase2＋（1997 年）规范实现的内容之一，是一种基于 GSM 的移动分组数据业务，面向用户提供移动分组的 IP 或者 X.25 连接。

与现有的通信网络相比，GPRS 有两个新特点：①GPRS 一个最"招人"的特点就是"永远在线"；②GPRS 手机以传输资料量计费，而不是以传送的时间计费。

（二）GPRS 主要特点

(1) GPRS 采用分组交换技术。

(2) 定义了新的 GPRS 无线信道，且分配方式十分灵活。

(3) 支持中、高速率数据传输，可提供 9.05～171.2kb/s 的数据传输速率（每个用户）。GPRS 采用了与 GSM 不同的四种信道编码方案（CS-1、CS-2、CS-3、CS-4）。

(4) GPRS 网络接入速度快，提供了与现有数据网的无缝连接。

(5) GPRS 支持基于标准数据通信协议的应用，可以和 IP 网、X.25 网互联互通。

(6) GPRS 的设计使得它既能支持间歇的爆发式数据传输，又能支持偶尔的大量数据的传输。它支持四种不同的服务质量等级（QoS）级别。GPRS 能在 0.5～1s 之内恢复数据的重新传输。GPRS 的计费一般以数据传输量为依据。

(7) 在 GSM 公用陆地移动通信网（PLMN）中，GPRS 引入两个新的网络节点：一个是服务 GPRS 支持节点（SGSN），它和 MSC 在同一等级水平，并跟踪单个移动台（MS）的存储单元，实现安全功能和接入控制。节点 SGSN 通过帧中继连接到基站系统。另一个是网关 GPRS 支持节点（GGSN），GGSN 支持与外部分组交换网的互通，并经由基于 IP 的 GPRS 骨干网和 SGSN 连通。

(8) GPRS 的安全功能同现有的 GSM 安全功能一样。身份认证和加密功能由 SGSN 来执行。

(9) GPRS 蜂窝选择可由一个移动台（MS）自动进行，或者基站系统指示 MS 选择某一特定的蜂窝。MS 在重选择另一个蜂窝或蜂窝组（即一个路由区）时会通知网络。

(10) 为了访问 GPRS 业务，MS 会首先执行 GPRS 接入过程，以将它的存在告知网络。在 MS 和 SGSN 之间建立一个逻辑链路，使得 MS 可进行如下操作：接收基于 GPRS 的短消息（SMS）服务、经由 SGSN 的寻呼和 GPRS 数据到来通知。

(11) 为了收发 GPRS 数据，MS 会激活它所想用的分组数据地址。这个操作使 MS 可被相应的网关 GPRS 支持节点（GGSN）所识别，从而能开始与外部数据网络的互通。

(12) 用户数据在 MS 和外部数据网络之间透明地传输。它使用的方法是封装和隧道技术：数据包用特定的 GPRS 协议信息打包并在 MS 和 GGSN 之间传输。这种透明的传输方法缩减了 GPRS 公用陆地移动通信网（PLMN）对外部数据协议解释的需求，而且易于在将来引入新的互通协议。用户数据能够压缩，并有重传协议保护，数据传输高效且可靠。

(13) GPRS 可以实现基于数据流量、业务类型及服务质量等级（QoS）的计费功能，计费方式更加合理，用户使用更加方便。

(14) GPRS 的核心网络层采用 IP 技术，底层可使用多种传输技术，很方便地实现与高速发展的 IP 网无缝连接。

（三）GPRS 业务的具体应用

GPRS 业务的具体应用有：①信息业务；②交流；③因特网浏览；④文件共享及协同性工作；⑤E-mail；⑥定位信息；⑦多媒体业务。

（四）GPRS 的技术优势及存在的问题

(1) 技术优势：①资源利用率高；②传输速率；③接入时间短；④支持 IP 协议和 X.25 协议。

(2) 存在的问题：①GPRS 会发生包丢失现象；②实际速率比理论值低；③终端不支持无线终止功能；④存在转接时延。

（五）GPRS 在管网监测系统中的应用

管网运行状态实时监测系统分为前端和中心两大部分。前端由传感器部分、传感器变送部分、数据采集部分和数据传输部分组成；中心由数据接收部分、中心软件分析处理系统组成。

1. 前端

根据现场物理量的不同选用不同类别和量程的传感器，通过变送器将不同的传感器信号统一成标准信号（4~20mA，0~10V 等）送给采集器。采集器将上述信号包括流量统计在内的数据传递给通讯模块，通讯模块由北京驰润达通信技术中心提供 GP60GPRS 模块将现场采集来的信息传输给监测中心。监测中心用 GP60 来接收信息。

前端信息一般包括有管线压力、当前流量、流速、累计流量、液位等信息。

2. 中心

中心仅需要一台北京驰润达通信技术中心提供的 GP60GPRS 模块，不需要固定 IP 地址，没有任何传输协议，主站模块收到现场发来的信息后，通过串口把信息给与之相连的计算机并通过组态软件显示。

3. 管网运行状态实时监测系统主要功能

(1) 管线数据实时监测。监测点的数据（累计流量、瞬时流量、管线压力、液位、工作状态等信息）能够实时显示在监测中心的服务器屏幕上，准确地反映管线的实际运行状态，数据实时监测，每5分钟记录一次数据。显示的方式既有电子地图动态实时数据显示，也有实时数据曲线、历史曲线显示，且具有友好的人机界面，并保存各监测点的水量信息、停电信息、管路压力等，另外保存操作员的操作日志、报警纪录等。监测点设备运行状态是否正常，能够在服务器上显示。

（2）主动召测功能。即任何时候可以在监测中心的服务器上主动提取监测点的数据。监测点能够随时接受召测，上报相关数据，实现远程监测功能。数据采用校验算法，保证数据可靠传输。

（3）数据报表功能。自动生成日报、月报、年报，也可随时进行统计报表、打印。可以设置自动打印功能。

（4）管线数据分析。监测的实时数据，分析各个取水点的用水情况（如小时用水量、日用水量），对于异常情况产生告警；基于管线数据模型分析沿线的压力损失和流量损失，对于压力异常产生告警。可按日、月、年绘出管线数据，可统计管路总的供水量趋势图。实时绘制某几个监测点瞬时流量曲线图、压力曲线图、液位曲线图。

（5）数据存储备份功能。系统数据库可以本地存储，其存储时间根据需求和计算机配置决定。使用人员可根据需要，把数据随时备份出来。如果系统破坏，可以利用备份的数据，恢复系统的原始状态。其他计算机通过内部局域网络，查询各种数据，并打印相应报表，即实现资源共享。

（6）数据远端演示功能。除了主监控中心外，系统可以在任何想建分中心的地方建立分监控中心，通过GPRS网络和主监控中心连接，极大程度地方便了用户管理和使用。分监控中心的权限只限于数据监视，而不允许向下操作，保证了系统的安全，主监控中心的各个分监控中心的数据完全同步实时显示。

（7）故障自动报警功能。监测点的GPRS流量压力采集传输处理器自动将故障信息上报到监测中心，自动打印报警信息。自动检测的故障有：流量计通讯故障、220V交流停电、压力传感器故障、液位故障等。如果有故障造成数据漏召，系统会提示需补召的数据列表，有利于数据的完整。

（8）系统扩充升级功能。系统具有开放的数据接口，方便后期监测点的增加和扩容。GPRS流量压力采集传输处理器设计1路485接口、2路模拟量接口、1路开关量接口。监测中心通过显示共享器扩展投影机大屏幕显示，系统可扩展移动笔记本电脑远程监测数据，系统可通过交换机扩展到局域网数据共享。

六、第四代移动通信技术

第四代移动通信技术（4G）的概念可称为宽带接入和分布网络，具有非对称的超过2Mb/s的数据传输能力。它包括宽带无线固定接入、宽带无线局域网、移动宽带系统和交互式广播网络。第四代移动通信标准比第三代标准具有更多的功能。第四代移动通信可以在不同的固定、无线平台和跨越不同的频带的网络中提供无线服务，可以在任何地方用宽带接入互联网（包括卫星通信和平流层通信），能够提供定位定时、数据采集、远程控制等综合功能。此外，第四代移动通信系统是集成多功能的宽带移动通信系统，是宽带接入IP系统。

(一) 4G 的技术特点

4G 是多功能集成宽带移动通信系统，比 3G 更接近于个人通信。其特点主要如下：

(1) 高速率。4G 的信息传输速率要比 3G 高一个等级，从 2Mb/s 提高到 10Mb/s。

(2) 灵活性强。4G 拟采用智能技术，可自适应地进行资源分配。采用智能信号处理技术对信道条件不同的各种复杂环境进行信号的正常收发。有很强的智能性、适应性和灵活性。

(3) 兼容性好。目前 ITU 承认的、已有相当规模的移动通信标准有 GSM、CDMA 和 TDMA 3 大分支，可通过 4G 标准的制定来解决兼容问题。

(4) 用户共存性。4G 能根据网络的状况和信道条件进行自适应处理，使低、高速用户和各种用户设备能够并存与互通，从而满足多类型用户的需求。

(5) 业务多样性。未来通信中所需的是多媒体通信，个人通信、信息系统、广播和娱乐等将结合成一个整体。4G 能提供各种标准的通信业务，满足宽带和综合多种业务需求。

(6) 技术基础较好。4G 将以几项突破性技术为基础，如 OFDM、无线接入、软件无线电等，能大幅提高频率使用效率和系统可实现性。

(7) 随时随地移动接入。4G 利用无线接入技术，提供话音、高速信息业务、广播及娱乐等多媒体业务接入方式，用户可随时随地接入系统。

(8) 自治的网络结构。4G 网络将是一个完全自治、自适应的网络。可自动管理、动态改变自己的结构以满足系统变化和发展的要求。

(二) 4G 的关键技术

1. OFDM 调制技术

未来无线多媒体业务既要求数据传输速率高，又要保证传输质量。这就要求所采用的调制解调技术既要有较高的信元速率，又要有较长的码元周期，OFDM 技术正满足这一需求。OFDM 是一种无线环境下的高速传输技术。无线信道的频率响应曲线大多是非平坦的。OFDM 技术的主要思想就是在频域内将给定信道分成许多正交子信道，在每个子信道上使用一个子载波进行调制，各子载波并行传输。这样尽管总的信道是非平坦的，但每个子信道是相对平坦的，且在各子信道上进行的是窄带传输，信号带宽小于信道带宽，大大消除信号波形间的干扰。OFDM 技术的最大优点是能对抗频率选择性衰落和窄带干扰，从而减小各子载波间的相互干扰，提高频谱利用率。

2. 软件无线电技术

软件无线电是将标准化、模块化的硬件功能单元经一通用硬件平台，利用软件加载方式来实现各类无线电通信系统的一种开放式结构的技术。通过不同软件程序，在硬件平台上实现在不同系统中利用单一终端漫游。其核心思想是在尽可能靠近天线的地方使用宽带 A/D 和 D/A 变换器，尽可能多地用软件来定义无线功能。其软件系统包括各类无线信令规则与处理软件、信号流变换软件、调制解调算法软件、信道纠错编码软件、信源编码软件等。软件无线电技术主要涉及数字信号处理硬件（DSPH）、现场可编程器件（FPGA）、数字信号处理（DSP）等。

3. 智能天线

智能天线具有抑制信号干扰、自动跟踪及数字波束调节等功能，被认为是未来移动通信的关键技术。智能天线成形波束可在空间域内抑制交互干扰,增强特殊范围内想要的信号,既能改善信号质量又能增加传输容量。其基本原理是在无线基站端使用天线阵和相干无线收发信机来实现射频信号的收发,同时,通过基带数字信号处理器,对各天线链路上接收到的信号按一定算法进行合并,实现上行波束赋形。

4. 多入多出天线技术

多输入多输出技术是指在基站和移动终端都有多个天线。多入多出天线技术为系统提供空间复用增益和空间分集增益。空间复用是在接收端和发射端使用多副天线,充分利用空间传播中的多径分量,在同一频带上使用多个子信道发射信号,使容量随天线数量的增加而线性增加。空间分集有发射分集和接收分集两类。基于分集技术与信道编码技术的空时码可获得高的编码增益和分集增益,已成为该领域的研究热点。多入多出天线技术可提供很高的频谱利用率,且其空间分集可显著改善无线信道的性能,提高无线系统的容量及覆盖范围。

(三) 4G 的应用实例

1. 4G 车机

在车机内部的大尺寸显示屏上安装了基于 4G 网络的车联网应用,这就使车身成为了一个大屏幕智能手机,具备 Wi-Fi 高速上网功能,而智能语音的控制方式,使之能在驾车同时,通过发布语音指令获取在线互联网资讯多媒体(音乐、视频)等功能,保障行车安全,如图 3-7 所示。

2. 4G 智慧眼-透明厨房手机实时监控

小型摄像机不时上下转动着,并实时将现场拍摄的画面传输回到手机 APP,画面清晰流畅。它能通过操控终端进行"上下左右"简单操控对摄像头角度进行调整,实现 360 度全景画面高清拍摄。

图 3-7 车联网语音私人安全座驾

通过"透明厨房"监管系统拍摄的视频内容会经 4G 网络和有线宽带传输至接入管理平台,使用者只要通过手机或电脑登录平台即可查看就餐大厅、烹调间、配菜间、消毒间、凉菜间等及从业人员现场操作全过程。餐饮单位的负责人可实现对本企业后厨操作过程、岗位落实情况的实时监督和管理。家长也可在得到授权后,通过手机和电脑实时查看自己孩子所在学校的食堂全景。同时,执法人员可通过视频远程对企业餐饮卫生情况进行监控、评估。此外,"透明厨房"还具备录像回看功能,录像内容可在云平台保存 3 个月,达到追根溯源轻松取证的效果。原来不得闲杂人等入内的"厨房重地",变为消费者看得见的"透明厨房",保障食品安全。

七、移动商务的安全防范

(1) 加强交易主体身份识别管理。强化主体资格的身份认证管理,保证每个用户的访问与授权的准确,实名身份认证解决方案的应用,增强移动商务交易的安全性。但是当前购机实名制尚没有完全推行,一人多机、多号不同名、手机转让不过户,很多移动商务平台"我只提供平台、风险与我无关",对交易主体缺少必要的审查和管理,缺少网络化的交易监管,缺少对交易风险的提示和告诫,缺少对交易风险的必要的赔付保障。

(2)加强移动商务安全规范管理。移动商务平台建设规范;移动商务平台运营安全管理规范;移动商务安全交易规范;移动商务交易资料确认、备案、保护、取证规范。移动终端丢失的备案、终止交易和支付的关联反映控制制度;短信网址的防止恶意抢注规范;移动终端安全转让登记管理规范;移动终端丢失报警备案登记规范。

(3)加强移动商务诚信体系建设。建设可识别的诚信体系、建立诚信推送的反映通道。

(4)加强移动商务运营中的安全监管和法制建设。

思考与练习

1. 移动商务面临的安全威胁有哪些?
2. 什么是手机病毒?手机病毒的种类有哪些?
3. 简述无线技术攻击手段。
4. 移动 IP 的技术有哪些优势?
5. 蓝牙协议采用哪些分层结构?
6. 简述无线局域网的工作原理。
7. GPRS 的优势有哪些?还存在哪些问题?
8. 4G 的技术有哪些特点?

第四章

移动支付

【学习目标与要求】
掌握移动支付的概念，了解移动支付发展的现状和特点，熟悉移动支付的形式和主要工具，掌握移动支付面临的安全挑战和风险防范措施。

【学习重点】
移动支付的概念、移动支付的工具。

【学习难点】
移动支付风险防范。

第一节　移动支付的概念、特点和现状

一、移动支付的概念

随着移动网络快速发展和智能手机的普及，带动了移动支付新体验。移动支付作为一种高效、便捷、便携、便利的支付方式，正在逐渐为大众所熟悉和使用。以微信和支付宝为代表的移动支付工具，已经渗透到超市、便利店、餐饮、旅游景点等日常生活场景。移动互联网已经成为中国人生活方式的一部分，4.5亿消费者在2016年一年中有71%的支付笔数发生在移动端，超10亿人次使用"指尖上的公共服务"。截至2016年年底，有84.9%的中国网民使用过移动支付，其中，95%的网民只选两个工具——支付宝和微信支付。如今微信支付用户达4亿，电商领域排名第一的支付宝目前有超过4.5亿名实名用户。中国已成全球第一大移动支付市场。

2017年5月，来自"一带一路"沿线国家的20国青年评选出中国的"新四大发明"：高铁、支付宝、共享单车和网购。可见，移动支付不仅改变了中国人的生活，也刷新了外国人对中国的认识。

移动支付是指消费者通过移动终端（通常是手机、PAD等）对所消费的商品或服务进行账务支付的一种支付方式。客户通过移动设备、互联网或者近距离传感直接或间接向银行金融企业发送支付指令产生货币支付和资金转移，实现资金的移动支付，实现了终端设备、互联网、应用提供商以及金融机构的融合，完成货币支付、缴费等金融业务。

移动支付所使用的移动终端可以是手机、PDA、移动PC等电子设备。从技术归属上来说，移动支付属于电子支付方式的一种，具有电子支付的特征。但它又与移动通信技术、无线射频技术、互联网技术等相互融合，因此又具有自己的特征，如移动性、及时性、集成性和定制化等。

移动支付产业链涵盖众多环节，主要包括电信运营商、银行业、第三方服务商、终端设备制造商、商家及手机用户等。单位或个人的支付指令将通过移动设备、互联网或者近距离传感间接或直接得向银行金融机构发送支付指令产生货币支付与资金转移行为，从而实现移动支付功能。

移动支付不仅快速变革传统的消费习惯，改变了人们的生活，也引领通信、金融、互联网等行业的转型。根据中国人民银行的最新数据，2016年中国移动支付业务达527.10亿笔，支付金额达157.55万亿元人民币（24万亿美元），同比分别增长85.82%和45.6%。

在移动支付的推动下，2016年全国共实现461.78亿笔网络支付交易，支付金额达到2084.95万亿元人民币（290万亿美元）。移动支付交易增速是网络支付交易的3倍。根据中国电子商务研究中心发布的《2016年度中国网络零售市场数据监测报告》显示，2016年中国移动网购交易规模达到44726亿元，而2015年达20184亿元，同比增长121.6%，可见移动支付已经深入人们的生活。

二、移动支付的特点

移动支付具有以下3个方面的特点：

（1）移动性。由于移动终端具有其特定服务实现的随身性和极好的移动性，可以使消费者从长途奔波到指定地点办理业务的束缚中解脱出来，消除了距离和地域的限制，结合先进的移动通信技术的移动性，消费者可随时随地获取所需要的服务、应用、信息和娱乐。

（2）实时性。移动通信终端和互联网平台的交互取代了传统的人工操作，使移动支付不再仅仅受限于相关金融企业、商家的营业时间限制，信息获取更为及时，用户可随时对账户进行查询、转账或进行购物消费，实现了7天24小时的便捷服务。

（3）快捷性。移动支付同时还具有缴费准确、无需兑付零钱、快捷、多功能、全天候服务、网点无人值守的快捷性。

三、移动支付的现状

亚太地区是移动支付的主要战场，而中国的移动支付发展尤其迅猛，也推动了整个移动支付线程的发展。据来自46个市场的调研报告显示，2016年中国在基于移动商务的交易量中占据了58%份额。而在2015年，中国消费者使用移动设备进行购物首次超过了通过电脑购物。

在中国这种购物方式的转变，主要得益于智能手机的普及以及移动互联网催生的便捷友好型APP的出现。据预测，手机支付将会未来很长一段时间内继续巩固其领先地位。消费者在中国，甚至在一些偏远地区，对于以手机为基础的交易方式接受度都非常高。现在在中国，无论从超市商场，到菜市场的档口，再到村口的小便利店，甚至北京的三轮车都贴着一张张支付二维码图片，不得不说，这是个移动支付的时代。

消费者对于在线支付以及手机功能越来越熟悉，越来越多的商品和服务开始接受互联网支付。以前那些只接受现金的传统业务，如出租车、理发、清洁服务等，现在也接受在线预订和支付。移动互联网的发展和智能手机的出现让消费者能够随时随地进行交易，它的即时性和便捷性也让消费者乐意去尝试和使用。

据中国产业调研网发布的2016年版中国移动支付行业深度调研及市场前景分析报告显示，随着移动电商的发展逐渐成熟，移动电商市场的交易总额会持续增长，而移动支付作为移动电商的支付手段，无疑会对移动支付起到巨大的推进作用。移动电商市场与移动支付市场相互促进，最终达到双赢的局面。

英国《金融时报》在对比了中美两国市场研究机构的数据之后，发现2016年中国移动支付的市场规模已经接近于美国的50倍。

近几年来，移动支付应用数量迅速增长，应用场景不断丰富。电子商务与移动支付的融合简化了购物过程，快捷支付的推广使支付更加便捷，用户可以随时随地通过网络购买所需的商品；打车软件在移动支付的助推下迅速推广，方便用户即时叫车、预约叫车；网络借贷、众筹融资等新兴金融模式的兴起也得益于移动支付技术，并由此产生了移动理财、移动财富管理等业务；蚂蚁金融服务集团、阿里巴巴集团与新浪微博，共同启动了"互联网城市服务"战略，联合为各地政府提供"智慧城市"的一站式解决方案。目前，包括青岛在内的12个城市市民已经可以通过支付宝钱包、微博和手机淘宝享受一系列城市服务。包括车辆违法查询、生活缴费、公交查询、全程路况、办事指南、景点门票以及汽车票，其中生活缴费又包括水、电、气、网、取暖、有线电视甚至物业费等项目，几乎囊括了日常生活的所有缴费项目。

微信发布的《2017智慧生活指数报告》显示，在用户日常消费习惯调查中，有40%的人出门带现金少于100元；52%人月均消费里仅20%用现金；超70%的人表示，只能用现金支付时才会使用现金，100元现金可以使用超过一星期；84%的人表示"不带钱、只带手机出门"可以很"淡定"。

第三方移动支付领域的迅猛发展，无疑对传统银行支付业务带来巨大冲击。当然，作为传统力量代表，银行业在移动支付领域不会坐以待毙。各大国有银行及商业银行纷纷丰富自己的手机银行业务，同时推出风格各异的"手机钱包""手机闪付"等应用，凭借在金融领域的优势以及用户的信任发力抢夺失去的领土。

纵观当前移动支付市场，智能型手机业者持续构建自身支付生态体系，各类型支付方式也蓬勃发展，推升全球移动支付商机，2017年全球移动支付市场规模达7800亿美元，年成长率25.8%。

四、案例：移动支付促香港零售升级

"可以支付宝或者微信支付吗？""不可以，只接受现金或八达通。"2015年以前，这样的对话还屡见不鲜地出现在内地来港游客与商户的对话中。现如今，越来越多的香港商户开始热情地鼓励游客使用移动支付。

2016年，内地移动支付两大巨头支付宝和微信支付在香港快速扩张，不少香港连锁商家都接入设备为游客提供移动支付服务。移动支付运营商在香港的发展，不仅方便了内地来港旅客，更慢慢带动香港零售业升级，延伸其客户。

1. 提升店家生意额

香港作为内地居民最重要的境外旅游目的地，旅客来港消费蔚为可观，2016年上半年内地访客总消费881.3亿港元，占来港访客消费总额的61.4%。随着越来越多的内地

居民习惯使用移动支付,两大移动支付巨头在香港布局成为必然之举。

2014年,支付宝在荔枝角便利店Circle K完成了第一笔境外移动支付,之后逐步在香港扩张。目前在香港接受内地游客使用支付宝的商户超过8000家。微信支付在2015年11月正式开放跨境支付能力,目前在香港已有1500家近200个品牌的商户接入。

内地移动支付运营商目前在港推出的清算模式是来港游客用人民币付款,商家则以港币结算。对游客来说,整个过程方便快捷,免了货币兑换和收零钱等一系列手续。

2. 改变营销方式

移动支付给香港零售商家带来的改变不仅是简化了交易流程,其背后庞大的用户为商家带来的后续效益也慢慢显现。香港零售店家的营销方式及宣传方式也随着移动支付进行着一场"数字化"变革。

与其他境外地区不同,香港与广东毗邻,不少内地旅客都是回头客。如何有效沉淀、识别、活跃这些顾客,成为香港零售商家共同关心的问题。顺应日益增长的商户需求,微信支付将内地的"支付+会员"解决方案带到了香港。

微信支付推出的"支付+会员"模式是指将顾客的"消费身份"与"微信身份"关联,在每次支付行为发生时,帮助商家识别消费者,为下一单生意打下基础。

在香港经营的英国化妆品品牌岚舒于2017年农历新年推出了微信支付,接近2/3的微信支付用户都关注了岚舒官方微信服务号,公众号粉丝的积累又为持续的服务带来方便。

支付宝则通过在手机程序的资讯页面为零售商家提供广告服务。在香港打开支付宝的手机程序,可看见"香港欢迎你"的资讯栏。在这一栏下面有"提额返现""人气商家""优步打车"和"流量包"4类服务项目。不少"人生地不熟"的游客在来到香港后会根据支付宝的提示寻找商家。

第二节 移动支付的形式和主要工具

一、移动支付的形式

移动支付结合了移动通信、互联网、电子商务、金融等行业相关技术,具有明显的跨行业的技术特点。目前,移动支付行业的发展尚处于起步阶段,尚未形成稳定统一的标准和市场。移动支付覆盖了一系列的产品和机制,整个价值链涉及银行、移动运营商、服务提供商、设备生产商、各大商家、终端用户等多方的利益,使得移动支付形式呈现出多样化的形态。目前,市场上移动支付形式主要包括近场支付、远程支付、刷卡器支付、短信支付、二维码支付、应用支付、声波支付等。

(一)近场支付

近场支付是指移动终端通过非接触式受理终端在本地或接入收单网络完成支付过程的支付方式。近场支付主要通过NFC、红外线、蓝牙等通道,实现与自动售货机以及POS的本地通信,主流为NFC支付,也可用于公交卡、门禁卡等,最常见的应用就是手机支付,手机公交一卡通就属于近场支付。

近几年,中国近场支付得到了快速发展,主要原因是中国没有根深蒂固的信用卡使用

第二节 移动支付的形式和主要工具

传统。事实上,中国直接从现金支付升级到移动支付。而且,中国农村地区支付宝和财付通普及迅速。推动近场支付增长的另外原因是中国智能手机的普及。电子商务的快速发展使越来越多的消费者使用智能手机网购。而且,包括阿里巴巴和京东在内的电子商务巨头纷纷投资移动应用和移动支付系统,给使用手机购物的消费者提供更好的体验。

(二) 远程支付

远程支付指用户与商家非面对面接触,用户使用移动终端在支付应用平台选购商品或服务,确认付款时,通过无线通信网络,与后台服务器之间进行交互,由服务器端完成交易处理的支付方式。远程支付业务范围包括数字虚拟产品、电话/网络购物、公共事业缴费等。远程支付"任何地点、任何时间"的特性,使得用户可以随时随地进行购物及支付,尽享优质生活。谷歌推出的手机智能钱包就属于远程支付。远程支付技术方案主要包括短信支付、移动互联网(无卡)支付和基于智能卡的远程支付 3 种技术方案。我国手机远程支付的发展远远超过近场支付,远程支付较近场支付更容易让消费者接受。远程支付与短信支付、客户端支付等支付方式又有交叉。

(三) 刷卡器支付

刷卡器支付是指用户将硬件厂商提供的移动读卡器与智能手机配合使用,可以在 3G 或 Wi-Fi 网络状态下匹配相应的应用程序进行刷卡消费。它使消费者、商家可以在任何地方进行付款和收款,并保存相应的消费信息,大大降低了刷卡支付的技术门槛和硬件需求。

刷卡器支付由于顺应了消费者既有的支付习惯,因此更易于被接受,尤其对一些习惯刷卡消费并对安全性比较关注的消费者来说是一个不错的选择。

(四) 短信支付

短信支付是手机支付的最早应用,将用户的手机 SIM 卡与用户本人的银行卡账号建立一种一一对应的关系,用户通过发送短信的方式在系统短信指令的引导下完成支付请求,如用短信缴纳水电费、煤气费。

(五) 二维码支付

二维码支付是一种线下实时交易付款的移动支付方式。通过二维码支付,商家可以将使用者的账户、商品价格及其重要属性等信息编码成二维码,并印刷在报纸、杂志、书刊、海报等平面媒体上。用户通过手机等移动终端设备扫描二维码,就可以读取商户信息、商品信息等,并可实现与商户对应账户的支付结算操作。

(六) 应用支付

在智能手机上使用应用支付是伴随着以 iPhone 为代表的智能手机而出现,得益于 iPhone 开启的 APP 使用习惯。在苹果发布的 iOS6 操作系统中,包含了一个新的应用 Passbook,它可以帮助用户管理各种电子票券,包括登机牌、会员卡、球赛门票、礼券和优惠券等,可直接将那些物理塑料卡片取代。同时,通过苹果的认证后,Passbook 能为消费者提供移动支付功能。应用支付方式顺应了消费者对各种应用的使用习惯,撬动了移动支付市场的未来。但对于初期使用智能手机的用户来说,要将一个如此复杂的开放式解决方案整合到 APP 应用中,并且还要培养用户使用这个方案的习惯,并非一件容易的事情。

（七）声波支付

声波支付利用声波的传输完成两个设备的近场识别。其具体过程是，在第三方支付产品的手机客户端里，内置有声波支付功能，用户打开此功能后，用手机麦克风对准收款方的麦克风，手机会播放一段超声波，听起来像是"咻咻咻"的声音，设备接收后会自动识别信息。

二、移动支付的主要工具

（一）手机银行

手机银行是通过移动通信网络将客户的手机连接至银行，通过手机界面直接完成各种金融理财业务。手机银行可以说是移动通信网上的一项电子商务业务。客户使用装有银行密钥的大容量 SIM 卡，通过移动电话的短消息系统进行操作。客户有关银行账户、个人密码、业务代理、交易金额等信息送至相关银行，由银行处理后将结果返回至手机，从而完成手机银行的服务。手机银行使用户足不出户通过手机就能完成由银行代收的电话费、水电费、煤气费、有线电视费等，并可查询账户余额和股票、外汇信息，完成转账、股票交易、外汇交易以及其他银行业务。手机银行具有交易灵活方便、速度快捷、简单直观、安全可靠等特点。

（二）银联云闪付

"闪付"是指符合国家金融标准的非接触式支付规范，使用非接触式（感应式）的方式，支持借贷记功能、电子现金功能和其他应用功能。用户在支持银联"闪付"的非接触式支付终端上，使用具备"闪付"功能的银联金融 IC 卡或 NFC 手机，使用挥卡方式，把卡或手机贴在 POS 及其他具有银联"闪付"标志的机具上，听到"嘀"的一声即成功完成支付，无需输入密码和签名。操作方式类似于公交车刷卡。"闪付"主要应用于快餐、菜市场、景区和公共交通等小额快速支付和公共服务领域，物业社区、校园等集中使用领域以及便利店、超市等部分传统商户。

银联云闪付最大的一个特点就是在支付的时候不需要解锁，也不需要点亮屏幕，打开APP 等步骤，只需要亮屏就能够刷手机支付。在申请办理银联云闪付卡的时候，能够实现秒办卡，办理的时候只需要登录银行的客户端链接申请云闪付卡就能够直接申请成功。银联云闪付也能够让我们的钱包瘦身，因为当我们的银行卡绑定手机之后，就能够实现手机和银行卡合二为一，手机就能够代替实体的银行卡享受快速支付的体验。银联云闪付也非常的安全、先进，因为银联云闪付采用的是令牌动态密钥以及云端支付等技术，从而可以确保每一个用户的账户信息和支付的安全。

（三）手机钱包

手机钱包又可称为"小额移动支付"，是目前国外较普遍采用的方式。手机钱包的特点是以客户的话费账户或关联客户的银行卡账户进行消费购物，例如，用户可以通过拨打可口可乐机或地铁售票机上的特定号码，根据提示信息，按键选货，自动购买所需商品，购货成功后，用户可收到一条确认信息，所购货款会自动从话费中扣除。

中国移动开发的基于无线射频识别技术的小额电子支付业务就属于手机钱包。客户需要在营业厅更换一张支持射频识别（Radio Frequency Identification，RFID）功能的专用SIM 卡，客户可以使用手机在布放有中国移动专用 POS 机的商家（如便利店、商场、超市）进行现场刷卡消费，类似于公交 IC 卡在 POS 机上刷卡。手机钱包账户最大余额限额为 1000 元。同时手机钱包还可为中国移动用户提供小额、无物流的数字化产品支付服务，业务范围涵盖软件付费、邮箱付费、数字点卡购买、手机保险、电子杂志等领域；还可以通过银行营业厅、银行网站、语音、短信以及 POS 机等方式开通服务（开通方式视开通地区与接入银行而有所不同），可办理手机查缴话费、手机理财，手机购物等多项业务。

（四）支付宝

支付宝是阿里巴巴集团开发的第三方支付平台，最初作为淘宝网公司为了解决网络交易安全所设的一个功能——第三方担保交易模式，即由买家将货款打到支付宝账户，由支付宝向卖家通知发货，买家收到商品确认后指令支付宝将货款放于卖家，至此完成一笔网络交易。起初支付宝只是一款专为淘宝网的发展需要打造的支付工具，主要面向淘宝网提供担保交易，解决了淘宝网发展的支付瓶颈问题，对买卖双方信用的建立起到了不可或缺的作用。

2004 年起支付宝开始向独立支付平台发展，首先切入的是网游、航空机票、B2C 等网络化较高的外部市场。在电子商务的迅速发展的驱动下，截至 2006 年年底，使用支付宝作为支付工具的非淘宝网商家，如数码通讯、游戏点卡等企业已经达到 30 万家以上，支付宝独立支付平台的身份也开始被外界所接受。

2007 年支付宝全年交易额 476 亿元人民币（占整个电子支付市场 47.6% 的份额），其中大约 70% 来自淘宝，外部商家占比 30%。

2008 年 8 月，支付宝用户数突破 1 亿，超越淘宝网的 8000 万用户，占网民总数的 40%，10 月支付宝宣布正式进入公共事业性缴费市场，通过支付宝网上缴纳水、电、煤以及通信费等日常费用，另外支付宝与卓越亚马逊、京东商城、红孩子等独立 B2C 展开合作，成为其平台的支付方式之一，并推出 WAP 手机版，布局移动领域。

2010 年 12 月，支付宝用户突破 5.5 亿，除淘宝和阿里巴巴外，支持使用支付宝交易服务的商家已经超过 46 万家，同时支付宝推出快捷支付，用户无需开通网银便可用银行卡进行网上交易支付（目前合作银行 80 家左右）。

2016 年支付宝实名用户已经高达 4.5 亿人，71% 的支付笔数发生在移动端。目前支付宝向用户提供付款、提现、收款、转账、担保交易、生活缴费、理财产品（主要是保险）等基本服务，相当于一个电子钱包的功能。

2017 年，全力打造以二维码支付为核心的支付生态系统业已逐渐成形，同时支付宝又新增多项服务功能，渗透进生活中越来越多的场景，实用性和便利性突显：芬兰航空接入了支付宝，用户们在 3 万米高空也能使用支付宝进行购物与服务的付费；全国 11 个城市支持支付宝购买地铁票通过支付宝可快速查找电动汽车充电站充电；火车站汽车站可以刷支付宝买票；杭州、济南、武汉、南京、绍兴等城市已经实现刷支付宝搭公交车服务；日本全境近 1.3 万家罗森便利店将全线接入支付宝；日本最大出租车公司"日本交通"宣布接入支付宝，以后用户在日本打车，只需打来支付宝的付款码，对准出租车内的扫码屏一扫，就可以完成结账。

目前，支付宝正在全国推进其"无现金城市"战略。2017 年 6 月 28 日，继杭州、武汉、福州后，天津市和蚂蚁金服签署合作协议，宣布共同推进天津"无现金城市"建设，推动"互联网＋政务"智慧升级，2017年年内，逐步实现交通、医疗、教育、社保等领域的无现金化。与此同时，支付宝在杭州、成都上线了电子社保卡功能以及支付宝生活号和医保打通等功能；在上海虹桥机场停车场，支付宝也让用户实现"无感支付"。这些支付方式的创新也推进了"无现金城市"战略的实施。

（五）微信

微信支付是集成在微信客户端的支付功能，用户可以通过手机完成快速的支付流程。它以绑定银行卡的快捷支付为基础，依托强大的微信圈为用户支付提供刷卡支付、扫码支付、公众号支付、APP支付，并提供企业红包、代金券、立减优惠等营销新工具。

对于用户而言，微信支付提供了一种更便捷的选择。它将原本串行的排队支付模式，变成了并行，购买时扫下二维码即可，而且无需刷卡和找零，即省了用户的时间，也省了收银员的时间。再配合上当时的大众点评、滴滴打车等O2O服务，购买和支付真正变成了随时随地的事。对于商家而言，过去客户付款意味着买卖的结束，微信支付让付款变成了起点，让商家有了将客户再变为用户的机会。

微信的用户粘性加强了其移动支付的使用量。除了同样打造"无现金城市"标杆之外，其主要策略则是和行业结合，推进其"无现金支付计划"，如加强与滴滴打车、摩拜单车、美团外卖等行业的合作。此外，微信支付还倡导发起"8·8无现金日"，这是全球首个移动支付节日，希望通过号召网友使用移动支付，倡导更低碳、便捷的绿色支付方式。

2014年支付宝在支付市场的份额为82.3%，微信占10.6%，而到2016年，支付宝的份额跌至68.4%，微信支付的份额上升至20.6%。以支付宝和微信为代表的第三方支付机构已经牢牢占据了80%~90%的中国移动支付市场份额。

（六）财付通

财付通是腾讯公司于2005年9月正式推出专业在线支付平台，其核心业务是帮助在互联网上进行交易的双方完成支付和收款。个人用户注册财付通后，即可在20多万家购物网站轻松进行购物。财付通支持全国各大银行的网银支付，用户也可以先充值到财付通，使用财付通余额支付。财付通的操作流程是：买家付款到财付通，经过财付通中介，买家收货满意后财付通付款给卖家。

针对个人用户，财付通提供包括在线充值、提现、支付、交易管理等丰富功能；针对企业用户，财付通提供支付清算服务和QQ营销资源支持。

（七）快钱

快钱是以提供网上交易的收付费平台的互联网服务品牌，是国内第一家提供基于E-mail和手机号码的第三方支付平台。快钱公司总部位于上海，在全国30多地设有分公司，已覆盖逾4亿个人用户、400余万商户，对接超过100家金融机构。快钱以提供在线收付费服务为核心内容，其推出的支付产品包括人民币支付、外卡支付、神州行卡支付、联通充值卡支付、VPOS支付等众多支付产品，支持互联网、手机、电话和POS等多种终端，为消费者和企业提供支付、理财、融资、应用等丰富的综合化互联网金融服务。其特点是注册快钱只需要一个E-mail地址，就可以进行快捷的支付体验，另外，快钱支持几乎所有的银行卡。

（八）盒子支付

盒子支付是深圳盒子支付信息技术有限公司开发的一种移动支付工具，它创造性地将刷卡器与智能手机等移动设备相结合，通过自主研发的音频加密刷卡器与移动终端的耳机孔连接，用户在应用商城或者官方网站下载盒子支付应用软件，启动并注册后，选择相应的金融服务或应用，随时随地刷卡进行支付，让商户24小时在线不打烊。即一部智能手机加一个盒子支付刷卡器加一张银行卡即可随时随地付款。

（九）拉卡拉

拉卡拉集团成立于2005年，主要为商户及其用户提供包括支付、生活、电商、信贷在内的互联网金融服务及电子商务服务。拉卡拉主要包括以下产品：

1. 收款宝

拉卡拉收款宝POS（简称收款宝）是拉卡拉公司推出的一款专门面向全国大量中小、微型商户的专属智能多用途收款终端。它整合了商户的收款需求和便利支付业务需求，同时摆脱了传统收款终端功能单一的缺陷，创新性的融入信用卡还款、手机充值、网购付款、游戏点卡、水电煤缴费等拉卡拉专有的便利支付业务，实现收款、付款、缴费、充值四合一。

2. 开店宝

拉卡拉开店宝是集合支付、生活、金融、电商多功能于一体的金融及电子商务服务终端。不仅为个人用户提供便民银行、便民生活、便利缴费等便民业务；还可以解决商户承载千百种热销的品牌厂商和知名电商的商品，同时帮助商户打通进货渠道，提供收单收款的服务。

3. 手机收款宝

拉卡拉手机收款宝是一款面向小微商户的全新移动收款终端，包括手机收款宝硬件和手机收款宝客户端软件两部分。相对于传统POS机，拉卡拉手机收款宝开通便捷、操作简单、价格低廉。

4. 拉卡拉手机刷卡器

拉卡拉手机刷卡器是一款通过音频进行数据传输的刷卡外设终端，支持iPhone、HTC、小米等各类主流手机以及PAD产品，主要提供信用卡还款、转账汇款、在线支付等便民生活便利支付的金融服务。

5. 拉卡拉MINI家用型刷卡机

2010年，拉卡拉自主研发并生产了针对家庭用户的拉卡拉MINI家用型刷卡机，它安装简单、开通方便，只需一根电话线，便可足不出户办理还款、缴费、转账、充值等多种业务。拉卡拉MINI家用型刷卡机使金融业务办理不再受时间、空间限制，真正实现了便利支付从"百步之内"跨越到"弹指之间"。拉卡拉MINI家用型刷卡机还常被用在商务往来、馈赠亲友、客情礼品、员工福利上。

6. 拉卡拉充电宝

拉卡拉充电宝是集刷卡功能、移动电源为一体的二合一产品，具有手机刷卡器及移动电源充电功能，是全球首款带充电功能的超级手机刷卡器。这一款大小与iPhone4S相似的机器，使用时只需将刷卡器连接到手机音频口，通过手机客户端直接注册，填写完手机号、电子邮箱、身份证号等信息后（身份信息需得到认证），即可轻松完成各类支付，操作简单，使用方便。

（十）Apple Pay

Apple Pay 是苹果公司在 2014 苹果秋季新品发布会上发布的一种基于 NFC 的手机支付功能，基于 NFC 的 Apple Pay 只需在终端读取器上轻轻一"靠"，就可完成支付。使用 Apple Pay 需要在苹果系统自带的 Wallet 程序里添加银行卡并成功激活，使用 Apple Pay 不需要手机接入互联网，也不需要点击进入 APP，甚至无须唤醒显示屏，只要将 iPhone 靠近有银联闪付标志的读卡器，并将手指放在 HOME 键上验证指纹，即可进行支付；也可以在 iPhone 处于黑屏锁定状态时，轻点两下主屏幕按钮进入 Wallet，快速进行购买。如果交易终端显示需要输入密码，还需要输入银行卡的交易密码。只需一两秒钟就可以完成 Apple Pay 支付。

为了保障安全性，卡号是不被存储的，也不会发给商家，而是采用一次性的"动态安全码"，并且如果用户 iPhone 丢失后，没有必要去注销信用卡，可以通过"Find my iPhone"服务停止所有支付行为。Apple Pay 比把各种卡都放在钱包里安全多了。因为 Apple Pay 所有存储的支付信息都是经过加密处理。

那么 Apple Pay 和支付宝有什么区别呢？

Apple Pay 在消费支付流程里扮演的是支付通道的角色，它其实相当于一个虚拟卡包，功能就是把实体的银行卡虚拟到你的手机里，把实物信用卡电子化。通过 Apple Pay 消费的时候，信用卡消费信息是通过苹果的通道到银联，银联再跟相关的发卡商结算。NFC 的原理就和刷公交卡、地铁卡是一样的，也就是说，以后出门连银行卡都不需要带了，直接刷手机就可以付款了。

但是支付宝不一样，支付宝在支付流程里想要做的是取代银联成为结算单位，通过支付宝消费的时候，是支付宝从银行直接扣款，然后把钱转给商家，这也是支付宝面对双 11 的巨大交易量也能完美支付的原因所在，毕竟自己是结算单位。

三、案例

（一）星巴克开启移动支付时代

星巴克咖啡公司成立于 1971 年。今天，门店遍布全球的星巴克已经成为世界上首屈一指的专业咖啡烘焙商和零售商。1999 年 6 月，舒尔茨对外界宣布，星巴克由一家卖咖啡的公司正转变成一家互联网公司。于是星巴克推出了出门户网站、在线销售咖啡和厨房用品，向一家在线聊天公司投资 2000 万美元。最被人所称道的无疑是星巴克在移动支付上所做的布局，为此，舒尔茨甚至还在 2012 年向移动支付公司 Square 投资 2500 万美元，成为这家公司的董事之一。2009 年星巴克推出移动端应用，2011 年在应用内加入移动支付功能，2012 年投资 Square，2014 年作为 Apple Pay 第三方合作伙伴亮相苹果发布会。与其说星巴克是移动支付的受益者，不如说是移动支付的推动者之一。

2015 年星巴克美国每周有 900 万的消费者通过移动支付完成购买，占总交易数的 20%。星巴克不仅是 Wi-Fi 的重要支持者，也是目前全美免费 Wi-Fi 提供者里面最快的，达到了 9Mbps（相当于 1Mb/s 左右），速度是第二名麦当劳的两倍多。另外，顾客在星巴克门店内，可以通过免费的 Wi-Fi 网络，免费阅读《华尔街日报》《纽约时报》

《经济学人》等付费内容。

星巴克的应用程序提供线上预定和移动支付功能,消费者可以直接在线上预定附近门店的咖啡并支付,然后到店内取货即可。这一服务在美国市场非常受欢迎,并已在全球市场大范围推广。

2017年第二季,星巴克美国大约有9%的订单是提前预订的,超过三成的订单透过星巴克应用程序支付,移动支付的使用率远高于其他公司的同类服务。目前Apple Pay也可在星巴克门市使用,大约有5.5%的iPhone用户会使用Apple Pay支付。在过去3年中星巴克改变了消费者的支付方式,这一成就足以让硅谷公司羡慕不已。

对于星巴克而言,移动服务能够提升消费者忠诚度和客单价,星巴克希望能够透过在线服务系统吸引更多新的客户,提供更多基于时间和天气的服务,如在天气炎热时提供冰咖啡折扣等。

2016年7月,星巴克在中国推出其专属的移动支付服务,星享俱乐部会员通过在最新的星巴克APP 4.0版本中绑定星礼卡,就可以在中国内地的2000多家星巴克门店内,扫描电子星礼卡二维码,快速完成支付,并可以在门店内反复充值,也省去了顾客找补零钱的麻烦,令其成为个人专享的星巴克移动钱包。专为电子星礼卡而生的"余额保护申请"功能为会员账户提供了额外的保护。此外,贴心的在线余额查询功能,让会员随时掌握自己的消费动态,轻松畅享星巴克之旅。

在创造更便捷生活方式的同时,此次推出的移动支付进一步完善了星巴克中国APP的功能,为星巴克会员带来更为完整的"第四空间"数字体验。打开星巴克中国APP,会员可以利用强大的门店定位功能,迅速找到附近的星巴克门店;通过"星消息"功能,能够第一时间了解最新产品和市场活动;忘带星享卡的会员只需扫描电子星享卡即可累计星星;在消费记录中,可以随时回顾与星巴克之间的每一个连接瞬间;只要查看好礼提示,将不再错过每一份星意回馈;卡片收藏爱好者们也可在此随时欣赏每一款卡片的图案设计。

(二)北京推行手机刷地铁、公交

2017年8月14日,北京地铁联合一卡通公司在北京全城推广手机一卡通服务,倡导用手机刷地铁坐公交,除了投放广告,伴随而来的还有限时免收29元服务费(原开卡费)。这是继2017年6月底北京地铁联合北京市政交通一卡通推出房山线"手机一卡通"后,又一次在移动出行、智能出行、绿色出行上的大动作。

据了解,开通手机一卡通后,市民只要带一部手机,就可以刷卡进站坐地铁了,甚至部分NFC型号手机,还可以随时空中充值或者给别的"手机一卡通"充值。实体一卡通享受的权益,在手机一卡通上也是通用的。据简单统计,使用手机一卡通服务,一年至少节省数十小时,并且还能有效防止一卡通实体卡遗失、折损、消磁、忘带卡情况,真正方便移动生活。

据北京一卡通公司介绍,本次手机一卡通推广活动将在北京地铁站全面展开,覆盖超过270个北京地铁的车站,每个地铁站会张贴海报、投放500份操作手册,车厢车载电视也会同步播放手机一卡通宣传视频。基本让每一位进入北京地铁站的用户都能够及时了解到手机一卡通产品。

开通手机一卡通主要有两种方法。如小米 6、华为 P10、三星 Galaxy S8 Plus 等手机，在出厂时搭载了可开通手机公交的 NFC 安全芯片，这类手机用户仅需下载"北京一卡通"APP 或手机品牌指定 APP 即可在线完成开卡。例如，小米手机在 MIUI 系统中"小米钱包"APP 可以完成开卡。

其他 NFC 手机则需要到移动通信营业厅，将原手机 SIM 卡更换为具有一卡通功能的 NFC - SIM 卡。现在小米、华为、三星、努比亚、一加、魅族等品牌近 160 款具有 NFC 功能的机型均已支持"手机一卡通"服务。

（三）亚洲移动支付三小龙

亚太地区智能手机的普及率持续快速增长，人们极度依赖智能手机，在亚太地区，每个月 10 个用户里就有 6 个使用智能手机在网上购物。中国的支付宝在改变着国内小伙伴生活的同时，也在不知不觉中改变了国外小伙伴的生活，如韩国、印度、菲律宾、泰国。下面我们来了解一下亚洲移动支付三大新生力量——印度 Paytm、韩国 Kakao Pay、菲律宾 Mynt。

1. 印度 Paytm

Paytm 是印度本土最大的移动支付和商务平台，其创始人夏尔马是名副其实的小城青年，从在线充值业务起步创业，仅用了 6 年，就将 Paytm 做成了覆盖 1/6 印度人的国民级应用。在印度，很多人将夏尔马视为马云式的偶像，夏尔马却说，Paytm 的灵感来自马云。2015 年得到阿里的注资后，Paytm 在得到支付宝的二维码技术和风控等核心技术支持后开始了质的飞跃。用户千万级别的增长，月交易笔数 2 亿。支付宝帮助印度直接飞跃了 30 年，因为中国从信用卡到移动整整历时 30 年，而印度几乎是一下子完成的。目前在印度加油站、高速收费站、卖花小摊，以及面包店、奶茶店等均有 Paytm 标志。

Paytm 在印度做二维码支付采取的是"正向扫码"，也就是说由付款方（消费者）去扫商家的收款二维码。这样做有两大好处：一是减轻商家负担，有利于迅速推广。扫码设备及宽带接入对印度小商家构成不低的门槛，正向扫码商家只需出示打印在纸张上面的二维码，消费者用自己的手机完成扫码支付。二是符合用户心理。反向扫码的用户体验好，消费者调出支付二维码让商家扫，不用做其他事情。但在新式支付手段的推广普及阶段，扫一下钱就被划走用户感觉心里不踏实，扫描商家二维码，输入金额，最后点击确认，可以提高用户的安全感。

2. 韩国 Kakao Pay

在韩国，Kakao Pay、韩国零售巨头乐天集团的乐天支付和三星支付共同竞争市场份额。Kakao 在韩国有很高知名度，在全球拥有超过 4800 万用户，旗下的 Kakao Talk 是韩国最受欢迎的即时通讯软件，覆盖了韩国 97% 以上的智能手机用户。2014 年，Kakao 推出线上支付功能后立刻赢得众多用户喜爱。截至 2017 年 2 月，累计用户逾 1400 万，相当于每 4 个韩国人中就有超过 1 个人在使用。

Kakao 公司将支付功能在移动终端的顺利推广归功于无需计算机验证的简化、安全的交易流程。Kakao Pay 的用户注册了账号，输入借记卡或信用卡信息之后，他们再进行金融交易时就不需要经过冗长的流程，只需输入账号密码即可。自 2014 年正式发布以来，Kakao Pay 还为移动平台增添了许多新功能，这其中就包括会员积分活动、账单自动支付功能，以及个人转账业务。

2017年2月21日，支付宝宣布正式与韩国支付平台 Kakao Pay 合作，Kakao Pay 将打通支付宝在韩国已接入的3.4万商户，并在韩国拓展更多移动消费场景同时支持 Kakao Pay 和支付宝两种支付方式。这意味着以后，韩国人能在各种线下场景都使用 Kakao Pay 支付，中国游客则能在这些场景用支付宝消费。

3. 菲律宾 Mynt

Mynt 是菲律宾领先的支付企业，被誉为菲律宾的"支付宝"。Mynt 隶属菲律宾电信运营商 Globe Telecom 公司，在菲律宾拥有300万注册用户，运营着和支付宝类似的在线服务 Gcash。服务内容涵盖手机信用卡、账单支付、转账、捐款、在线购物与电子支付等。不过，考虑到 Mynt 背后是电信运营商以及东南亚整体的互联网发展情况，Gcash 和支付宝还是有很多不同。首先，虽然 Gcash 分别提供了 iOS 和 Android 版本，但是，它仅限 Globe 套餐用户使用，注册和登陆都需要4位 PIN 码，即一个手机号码对应一个电子钱包。这么做还有个好处，即使不使用 APP，用户也可以通过拨号的方式进行转账、付款等服务。另外，东南亚是一个信用卡和电子支付使用率非常低的地区，很多地区90％的人都没有信用卡。东南亚最大的电商 Lazada 需要支持60种支付方式，但同时使用人数最多的还是货到付款。所以，Gcash 的使用也很有当地特色。如果想把钱充值到 Gcash 账户，你可以通过运营商 Globe 的门店，Globe 的贷款柜台，合作的银行、典当铺等遍布菲律宾的18000多个线下渠道完成，手机号即为账户名。另外，Gcash 还提供虚拟银行卡和 Master 卡服务，帮用户实现"海淘"。

第三节　移动支付安全与风险防范

随着移动互联网的快速发展和智能终端的日渐普及，移动支付作为一种全新的互联网业务获得蓬勃发展。相比传统支付方式，移动支付具有灵活、便利、交易时间短等特点。然而，移动支付在给人们带来便利的同时，安全问题频发。除了常见的木马病毒、诈骗、钓鱼网址等威胁形式，身份认证技术也是支付安全的挑战之一。

以"伪淘宝"病毒为例，该病毒通过伪装成淘宝客户端窃取用户支付账号及密码，造成大量用户财产损失。继2013年3月腾讯手机管家截获首个感染手机银行客户端的"洛克蠕虫"病毒后，"银行悍匪""键盘高手"等高危手机银行和支付类病毒数量大幅增长。腾讯安全发布的《2017年上半年互联网安全报告》中显示，2017年上半年移动端病毒感染用户数为1.09亿。鉴于当前手机使用场景的日益丰富，病毒威胁也呈上升态势。恶意程序和木马病毒的制作成本降低、病毒传播渠道多样化是造成病毒量上升的重要因素。腾讯移动安全实验室发布的《2017年上半年手机安全报告》显示，2017年上半年支付类病毒感染用户数达502.4万。更令人担忧的是，移动支付安全威胁趋于多样化、常态化，使得防御难度大大增加。不法分子通常将木马病毒、诈骗电话或短信、钓鱼网址、风险 Wi-Fi 和虚假二维码等手段捆绑起来联合作战，以实现"利益最大化"。

根据调研显示，社交账号盗用、短信木马链接、钓鱼网站诈骗则是最为常见的诈骗手段。这些诈骗手段不仅隐蔽性强，还会随着支付功能的升级而一同"进步"，令人防不胜防。不仅如此，移动支付欺诈的实施也会因群体特点而产生差异，例如，青年群体以社交账号盗用的骗局为主，中年群体以短信木马链接为主，老年群体以扫描不明二维码为主。

移动支付安全是影响移动支付推广应用的关键因素，其中最重要的两个环节是移动终端安全和网络环境安全。移动终端安全包括数据输入安全、数据存储安全、数据运行安全以及安全单元安全。网络环境安全包括信息系统技术安全、运营管理安全和通信安全。

一、移动支付面临的安全挑战

目前在移动支付领域中出现的安全威胁主要有以下几个方面。

（一）移动终端和无线网络的安全问题

移动终端的不安全因素主要表现为用户身份、账户信息和认证密钥丢失、移动设备被攻击和数据破坏、SIM卡被复制、RFID被解密等。现有的移动支付方式主要采用银行卡和手机号的绑定来完成，由于移动终端技术的限制，所发送的信息缺少安全手段，普遍缺乏对RSA、AES等加解密算法的支持，信息的完整性和安全性难以保证。当手机作为支付工具时，其丢失、密码被攻破、病毒入侵等问题都可能会造成重大损失。

一般来说，用户在使用手机进行支付时，由于手机本身未采用加密等安全措施进行保护，所以黑客们通过钓鱼网站或木马程序就可以窃取用户信息，对移动支付功能进行非法复制，造成用户重要信息的泄露。

在用户个人的重要信息无法得到安全保障的前提下，对参与移动支付交易各方的身份识别问题就更加凸显出来。用户的账户信息、身份信息甚至密码信息等均可能已经暴露在外，恶意分子可以冒用用户的信息和身份来实施消费或转账等操作。因此，移动支付须解决的一大问题就是商家、金融机构和消费者合法身份的确认问题。目前，用户登录支付认证方式存在缺陷。大部分金融支付机构相关业务场景（如转账汇款）中均采取单一因素进行身份认证，无论是PIN码认证、短信验证码认证、指纹认证、人脸识别等认证方式，都因为认证因素过于单一，而在安全性上得不到强有力的保障。如短信验证码，这种认证方式貌似简单便捷，但不法分子可通过木马病毒、补卡攻击、克隆攻击、无线电监听等诸多方式截取到用户短信验证码内容，进而盗取用户钱财、盗刷用户银行卡；而人脸识别作为人工智能领域一项先进的技术创新，却也在315晚会上被爆安全性漏洞，触目惊心。

手机丢失会给移动支付用户带来巨大的损失。广泛使用的智能手机难以避免的一个情况就是手机的丢失问题。由于使用了移动支付功能的手机通常已经是手机卡与银行卡、信用卡相关联，现在的支付方式越来越趋近于操作便捷，对应的安全措施略显薄弱，由此可能造成用户在丢失手机后自己的移动支付账户被他人冒用的风险。

同时由于安卓平台的开放性，允许第三方应用加入，应用软件很容易被盗版，用户容易被恶意软件蒙蔽，安装盗版软件。而这些盗版软件中暗含信息窃取、流量消耗等恶意行为，其外观（如名称、图标、运行界面等）与正版十分类似，给用户造成混淆。如果第三方应用中心不严格把控，让恶意软件上架，手机用户下载并安装了这些恶意软件，很可能造成个人隐私泄露、资金损失等。

另外由于技术因素的限制，无线网络本身也存在安全漏洞。无线通信网络在给用户带来通信自由和灵活的同时也埋下了许多安全隐患。开放的无线接口使移动设备互联十分简便，但在此开放的网络环境中，任何适当的移动终端设备都能接入网络，可以侦听、窃取无线信道中传输的消息。通信过程中可能存在的另一个安全问题就是拒绝服务攻击。恶意分子可以通过破坏移动支付服务网络，使得系统丧失服务功能，影响移动支付的正常运行，阻止用户发起或接受相关的支付行为。

（二）移动支付信息传递的复杂性带来安全隐患

移动支付的跨行业特征明显，产业链上的通信运营商、金融支付机构、电子商务平台等主要参与方需要协作配合才能成功开展支付活动。整个支付过程融合了通信、金融、互联网等相关技术，支付指令由消费者发起后，支付机构经信息检验执行支付操作，商家对支付结果进行确认，最后反馈交易信息，完成交易。活动过程中支付信息在不同机构的多个环节传递，安全隐患较大。目前虽然各参与方在一定程度上已建立起协作关系，但不同主体所采用的技术方案、业务模式、安全控制手段差别很大，国内移动支付全流程的安全防护水平仍有待提高。

（三）支撑移动支付安全的法律体系尚不健全

移动支付是在虚拟网络环境中的商务交易模式，较之传统交易模式更需要政策法规的规范。日韩及欧盟等移动支付发展较为先进的地区都有相对完善的配套法规作为支撑。与他们相比，当前我国在互联网及移动支付领域的法律保障方面，仅有一部涉及电子金融行业的《电子签名法》，随着电子商务模式的发展，它难以适应新的形势变化。我国还没有专门制定单独的移动支付法律规范，而是在其他法律法规中融入这方面的立法内容，但都缺乏深入的分析界定，而且彼此之间没有构成一个成熟的保护体系。从立法主体上看，目前电子支付领域的法律文件大多数都由中国人民银行和银监会制定，属于部门行政规章及规范性文件，法律效力有限，影响了规范移动支付作用的发挥。

（四）我国信用制度落后

移动支付发展先进的国家，基本上市场经济体系都比较完善，其公民个人在金融服务领域的信用体系也较为完善，移动支付的发展有相对良好的社会基础。例如，日本在发展移动支付业务过程中，利用健全的法律法规、完善的信用发展体系、良好的纠纷解决机制，移动支付的发展十分迅速。我国信用建设也不被重视，信用建设的社会基础薄弱。而信用体系的不完善直接影响和限制了移动支付的发展，一些信用不良的企业和个人利用移动支付的漏洞进行非法活动的风险很大。

二、移动支付安全的风险防范

为应对移动支付发展面临的安全挑战，可采取以下 5 种技术解决措施。

（一）消费者要提高自我保护意识和安全防范意识

（1）设置开机密码，为手机提供最基础的安全防护。

（2）一定要在正规的软件商店或者官方网站下载网购、网银、支付类 APP。

（3）安装专业的手机安全软件，如百度手机卫士，针对用户移动支付整体流程提供全方位"环形"防护，有效避免手机支付安全风险。

（4）收到如"电子密码失效""银行升级"等短信，要保持警惕，可直接拨打官方客服电话确认。

（5）不给手机乱装软件，定期删除手机垃圾、清理缓存。

(6) 不要随便点击不确定安全的链接，不随便扫二维码。

(7) 不要使用公共 Wi-Fi 进行手机支付。

（二）移动支付产业链各参与方应通过相互协作形成合力确保支付安全

移动支付产业链涉及通信运营商、应用提供商、设备提供商、支付服务商、系统集成商等多个参与方，相关各方应加强沟通协作，采取合作的态度共同致力提升移动支付的安全。在支付环节，银行、电信公司及第三方支付公司等主体应在统一的安全架构下设计安全支付流程，提升支付终端设备、加密认证、应用程序等软硬件方面的兼容性，整合安全管理体系，完善应对移动支付安全事件的协同处理机制。

（三）建立健全移动支付法律法规

国内立法应尽快对移动支付领域的专项法律进行规范，将移动支付单独纳入保护范围，并设定特有的保护标准，且对相关专业规章进行升级、优化。借鉴国外的移动电子商务相关法律法规，完善现有法律法规，以适应移动支付发展的需要。

（四）建设和发展统一的信用制度

通过教育提高人们的诚信观念和意识，健全完善信用体系的制度规范，建立全面的个人和企业信用制度。建立成熟的信用评价服务体系，加快信用数据库建设，充实和共享信用基础信息，在个人和企业信用信息基础上建立合理的评价机制，提供企业和个人信用信息查询和公示服务，使信用信息更透明、远程交易更放心、监管指标更明确，为移动支付的发展提供信用支持。

三、案例

（一）移动支付诈骗案例

1. 微信红包诈骗

事实证明，红包诈骗总要在春节。2016 年春节期间，在家过年的白领霍女士最近被朋友拉进了一个微信群，虽然群里很多人都没有实名也不确定是谁，但看到有人发红包，霍女士就习惯性地"抢"了，打开后发现中了 500 元代金券。接下来，她按照指示在领奖网站中输入了自己的身份证、手机号、微信账户等个人信息后，网站要求霍女士扫描一个二维码，扫完后没过几分钟霍女士就收到一条银行转账短信，短信显示，她卡里的 1 万元现金被转走了。

依托强大的社交属性，微信红包推出以后迅速火遍大江南北，本质上它使得账户间的资金流转方式更加简单。一方面，红包培养了用户"眼疾手快"的习惯；另一方面，红包也埋下了资金盗刷、红包诈骗的祸根。据移动支付网不完全统计，除了上诉霍女士这种需要输入个人信息的红包诈骗类型外，诸如需分享给好友、数额巨大、AA 红包、合体红包、需输入密码的红包均可能涉嫌诈骗。

一般春节期间，各种应用、互联网巨头以红包形式进行优惠、返现等活动，某种程度上给不法分子营造一个良好的行骗氛围。各种因素综合驱动下，春节成为红包类诈骗集中爆发的时期。

2. 收款码偷梁换柱

根据禅城公安通报，禅城公安分局祖庙派出所接群众报案，称自家店铺的营业收入被人盗窃，而盗窃的方式出乎众人意料。贼人通过粘贴替换二维码的方式将商家网上转账营业额据为己有。据店员描述,不法分子前来打包食物趁着店员工作之际,一名男子将事先准备好的一个二维码贴上商铺的收钱二维码上,随即扫描二维码进行付款。而贴上去的二维码就替换掉商家的二维码接受客户的付款,营业额全部转入了窃贼的钱包中。结束营业后,店主前来饮食店对账发现蹊跷,随即报警。

贴"二维码"这种方式大大方便了小微商户接受二维码支付,加快了二维码在大街小巷的普及速度。但这种简易的方式除了容易损坏,也存在被别有用心者更换的风险。尽管大多数人都会定时检查自己账户、注意收款提醒、要求对方出示付款成功证明等等,但也难免因疏忽造成资金损失。

要避免这种情况发生,各商家应妥善保管好店面的二维码账户名片,专门设一个接收付款的手机放在店里,养成当场查验习惯。改良贴二维码的支座,变透明或使用难以被张贴东西的材料制作。

3. 支付宝群体盗刷

2016年双12,苏州警方接报多起支付宝被盗刷案件。不少受害人一早收到了消费短信,但自己根本没有购物。据警方介绍,大部分短信显示,受害人在11日晚就连续有多笔交易记录,而且每笔消费金额大多为1999元。受害人打开支付宝时,发现原先的账号都已经退出。再次登陆后发现,这些莫名其妙的消费都是在广东东莞产生的。

苏州警方称,用户可能因为手机中了木马、接入了黑Wi-Fi等原因造成关键信息泄露,账号被不法分子盗取。随后通过支付宝付款码1999元免密机制,在线下进行扫码支付,将资金盗走。

4. 免费Wi-Fi盗网银

小李喜欢用免费Wi-Fi,一次在商场发现很多和商场名字相似的Wi-Fi,没多想就选了一个不要密码的,没想到不久之后他的网银就被人转账600元。有些免费Wi-Fi是黑客搭建的,可能盗取密码,尽量不要使用免费Wi-Fi进网银、支付宝。连接Wi-Fi前要通过手机安全卫士进行Wi-Fi体检,确认安全。

5. 有手机病毒专门偷钱

小王网购了一部新手机,没想到第二天,手机流量就超了,夜里还自动安装垃圾软件。原来,手机被植入了"不死木马二代"病毒,据了解,"不死木马二代"能偷耗流量,控制手机网银,甚至可卸载安全软件,该病毒目前已感染百万部手机。

(二)安全手机发展趋势

消费者在享受"一机在手,买遍全球"便利的同时,移动支付带来的风险也在增加。移动支付成为手机安全最大隐患。数据显示,中国手机用户常遇到的手机安全软件问题中,支付陷阱占比最高,达88.3%。猎豹移动与安天移动安全联合发布的《2017上半年移动安全报告》显示,近五年安卓端病毒数量呈直线上升趋势。2016年,全球安卓端病毒数量大幅上升至1743万个,2017全年病毒数量接近2000万个。亚洲仍然是病毒重灾区,而中国2017年上半年以约242万的病毒数量位列全球第一。

信息泄露不仅将个人信息安全问题暴露在公众视野中,甚至已经威胁到关键性产业、政府机构等。目前,信息安全、网络安全和移动通信安全已经上升到国家战略。有业内人士表示,国内网络安全市场规模将呈爆发式增长,企业级市场有望从目前的约100亿元规模扩张到千亿以上,而安全手机将有千万部量级的市场。艾媒咨询发布的《2016—2017中国手机安全市场年度研究报告》认为,以安全软件为核心的安全手机增长放缓,预测到2017年,基于硬件防护设置及保密通信的安全手机将成为安全手机主流。目前,华为、中兴等手机厂商纷纷抢滩安全手机大蛋糕。

对于手机厂商竞相涌入安全手机市场的现象,有业内人士指出,虽然有的手机名为安全手机,但其实只是装了安全防护软件的普通手机。提到安全手机,人们往往想到的是系统安全,也就是软件安全,却很少去考虑硬件安全。日前,国家安全标准委已对安全手机标准立项,意在研究制定手机安全标准,其中将包括关键硬件、软件信息基础设施的网络安全防护能力,系统安全等级,APP权限限定等。

思考与练习

1. 什么是移动支付?移动支付有什么特点?
2. 移动支付工具主要有哪些?
3. 如何进行移动支付安全的风险防范?

第五章

移 动 营 销

【学习目标与要求】
了解移动营销的定义及内容,掌握APP营销、二维码营销、微信营销方法,能运用所掌握的技能解决实际中遇到的移动营销问题。

【学习重点】
APP营销、二维码营销、微信营销。

【学习难点】
微信营销。

第一节 移动营销概述

一、移动营销的定义

移动营销(Mobile Marketing)指面向移动终端(手机或平板电脑)用户,在移动终端上直接向分众目标受众定向和精确地传递个性化即时信息,通过与消费者的信息互动达到市场营销目标的行为。移动营销早期称作手机互动营销或无线营销。移动营销是在强大的云端服务支持下,利用移动终端获取云端营销内容,实现把个性化即时信息精确有效地传递给消费者个人,达到"一对一"的互动营销目的。移动营销是互联网营销的一部分,它融合了现代网络经济中的"网络营销"(Online Marketing)和"数据库营销"(Database Marketing)理论,也是经典市场营销的派生,是各种营销方法中最具潜力的部分。

二、移动营销的内容

移动营销是基于定量的市场调研、深入地研究目标消费者,全面地制定营销战略,运用和整合多种营销手段,来实现企业产品在市场上的营销目标。

随着智能手机普及,将非一层面的三者紧密联系。移动互联网技术发展促使互联网冲破PC枷锁,开始将网络营销从桌面固定位置转向不断变动的人本身。

移动营销的目的非常简单,包括增大品牌知名度;收集客户资料数据库;增大客户参加活动或者拜访店面的机会;改进客户信任度和增加企业收入。

三、移动营销的发展概况

随着移动互联互联网技术的发展,企业对移动营销方面也表现得更加重视,移动互联网最主要特点是会比传统的互联网更加即时、更快速、更便利,而且也不会有任何地域限制。

移动营销是一个新的营销渠道，在未来的 10 年里会成为商家连接客户的首要途径。这是因为人们已经逐渐对数字通信方式熟悉并依赖，这其中也包括手机。手机已经成为主要的通信工具，成了人类的"影子媒体"。其传递信息的快捷、便利、准确超越了以往的任何媒体，并实现了精确的分众化传播——到达每个受众点，同时每个受众都可以成为信息的传递者。在新媒体的研究中，受众研究处于中心位置。移动服务就必须能够满足消费者个人的媒体目标，也就是满足个人在使用移动设备时对所追求目标的认知需求。关于移动营销，主要介绍以下几点：

（1）消费者可以立即同智能手机上的广告进行交互。在看完广告之后，消费者可以立即发短信、打电话，或者进行内容下载。移动设备的强大功能使得结合了全新交互方式的在线广告可以和品牌更加紧密地结合起来。例如，①消费者在商店购物时，可以在线查看他人对某件产品的评价；②在使用产品时，可以访问该产品的 APP；③甚至可以对产品进行拍照，然后将照片发布在 Facebook、微信等社交媒体上。而上面所有的这些操作利用智能手机就能实现。

（2）我们生活在一个 APP 广告的时代。手机 APP 商店里可供下载的应用数和下载次数大得惊人，这使得 APP 成为了移动营销的前沿阵地。消费者可以下载所喜欢的品牌的 APP，并可以同 APP 进行交互，从而完成购买、发现新的信息，以及同朋友分享。这是一种受到人们欢迎的广告形式，只需下载 APP 即可，甚至有些时候人们还愿意为下载付费。

（3）移动广告提升了用户体验，而不再是打扰。移动广告允许市场营销人员可以以一种个性化的、不间断的、基于位置信息的方式去同消费者进行交流。从简单的短信到丰富的应用，有多种选项可以供企业采纳，从而完成市场目标。

（4）移动设备就是媒体。消费者们在散步、等待、吃饭，甚至是在开车的时候都会使用手机。事实上，大多数的移动互联网用户在看电视的时候也会使用他们的移动设备。总之，人们无时无刻不在使用智能手机，它在未来必将会代替其他形式的媒体。

（5）消费者随时随地关注企业信息。数以百万计的消费者正使用移动设备去搜索产品和服务的信息。网络上的产品信息很容易被消费者随时随地地检索到。例如通过 APP、移动站点或者移动横幅广告，消费者就能看到企业的品牌信息，从而更容易了解企业的服务，最后成为企业的真正消费者。

（6）手机正变得越来越智能。智能手机正在改变我们开展业务、通信、购物和打发时间的方式。甚至在不久之后，它们还将代替我们的信用卡。

（7）社交网络促进业务增长。使用移动设备来更新社交站点正变得越来越普遍。有很多智能手机用户是通过手机浏览器来访问他们的社交网络的。社交网络一般拥有自己的 APP，这使得用户可以更方便的更新他们的个人资料、确认朋友请求，并随时签到。实际上，一些社交网络就是围绕着移动设备来设计的。

（8）消费者并不会非常排斥移动广告。在出现产品广告时，消费者一般会倾向于换台，不管是在收听广播还是在看电视。在看报刊、杂志的时候，他们也会省略广告；在上网的时候，会毫不犹豫地关掉弹窗广告，甚至感到愤怒。然而，移动广告对大多数消费者来说却是一件新鲜事物，可以提供其他媒体无法提供的交互体验，例如消费者可以立即兑现商店的优惠券,像 Nike 这样的公司所提供的 APP 还能帮助人们轻松减肥等。

(9) 移动设备是我们在工作、开车、人际互动甚至在睡觉时最好的伴侣。手机不再仅仅是打电话而已,可以使用它们来进行互联网搜索、使用 APP、发短信等。

第二节 APP 营销

一、认识 APP 营销

(一) APP 的概念

由于智能手机的流行,现在的 APP 多指第三方智能手机的应用程序,作为一种第三方应用的合作形式参与到互联网商业活动。

随着智能手机和 Pad 等移动终端设备的普及,人们逐渐习惯了使用 APP 客户端上网的方式,而目前国内各大电商,均拥有了自己的 APP 客户端,这标志着,APP 客户端的商业使用,已经开始初露锋芒。

(二) APP 营销的含义

APP 的意思是移动应用程序(也称为手机客户端)。企业利用手机客户端做的营销活动,称为 APP 营销。APP 营销是通过特制手机、社区、SNS 等平台上运行的应用程序来开展营销活动。APP 营销是整个移动营销的核心内容。

APP 安装方便,使用简单。而对于企业来说,APP 营销可以结合图片、文字、音频、视频、游戏等方式生动展现品牌和产品信息,并且 APP 营销已经成为占据手机屏幕的第一入口。

(三) APP 营销与传统手机营销对比

APP 营销是通过特制手机、社区、SNS 等平台上运行的应用程序来开展营销活动,而传统手机营销,是以大众传播媒介为基础的营销模式。两者之间的区别如下:

(1) 传播内容不同。传统手机媒体传播的产品信息只是一些字面上的反应,用户不能全面的理解一个产品,而 APP 营销应用程序中包含了一些图片、视频,还可以全方位的感受产品。

(2) 信息传播方式不同。传统手机媒体主要是以短信的形式为主要的传播方式,这种传播方式是让消费者被动的接收产品信息,而 APP 营销是企业将产品信息植于应用制作,供用户下载,通过应用达到信息传播。

(3) 用户行为差异。传统手机媒体是被动的接受信息,容易让受众产生逆反心理,往往得到的是反方面的效果,而 APP 营销是用户自己下载,容易接受产品信息,更加容易达到传播效果。

APP 营销是一种通过手机应用推送、传播的移动应用营销方式。所传播的信息影响受众者的意识、态度以及行为从而形成营销结果。由于 APP 营销具有网络媒体的一切特征,能够随时随地接受信息、分享信息,所以它比互联网信息传播更具优势。

(四) APP 营销的特点

(1) 成本低。APP 营销的模式,费用相对于电视、报纸,甚至网络都要低很多,只要开发一个适合于本品牌的应用就可以了,可能还会有一点的推广费用,但这种营销模式是营销效果是电视、报纸和网络所不能代替的。

(2) 持续性。一旦用户下载到手机成为客户端或在 SNS 网站上查看,那么持续性使用成为必然。

(3) 促销售。有了 APP 的竞争优势,无疑增加了产品和业务的营销能力。

(4) 信息全面。能够刺激用户的购买欲望,移动应用能够全面的展现产品的信息,让用户在没有购买产品之前就已经感受到了产品的魅力了,降低了对产品的抵抗情绪,通过对产品信息的了解,刺激用户的购买欲望。

(5) 品牌建设。形成竞争优势,移动应用是企业的无形资产,可以提高企业的品牌形象,让用户了解品牌,进而提升品牌实力。良好的品牌实力是企业的无形资产,为企业形成竞争优势。

(6) 随时服务。网上订购,通过移动应用对产品信息的了解,可以及时在移动应用上下单或者链接移动网站进行下单。利用手机和网络,顾客交流和反馈易于开展。客人的喜爱与厌恶的样式、格调和品味,也容易被品牌一一掌握。这对产品大小、样式设计、定价、推广方式、服务安排等,均有重要意义。

(7) 跨时空。营销的最终目的是占有市场份额。互联网的超载时间约束和空间限制进行信息交换的特点,使得脱离时空限制达成交易成为可能。企业能有更多的时间和更多的空间进行营销,可每周 7 天,每天 24h 随时随地提供全球的营销服务。

(8) 精准营销。通过可量化的精确的市场定位技术突破传统营销定位只能定性的局限,借助先进的数据库技术、网络通讯技术以及现代高度分散物流等手段保障和顾客的长期个性化沟通,使营销达到可度量、可调控等精准要求;摆脱了传统广告沟通的高成本束缚,使企业低成本快速增长成为可能,保持了企业和客户的密切互动沟通,从而不断满足客户个性需求,建立稳定的企业忠实顾客群,实现客户链式反应增殖,从而达到企业的长期稳定高速发展的需求。移动应用本身具有很强的实用价值,手机应用程序本身就是一种实用性很强工具,用户通过应用程序可以帮助手机用户提供生活、学习、工作,是手机的必备功能,每一款手机都或多或少有一些应用。

(9) 互动性强。APP 的营销效果是电视、报纸和网络所不能代替的。将时下最受年轻人欢迎的手机位置化"签到"与 APP 互动小游戏相结合,融入暑期营销活动,消费者接受"签到玩游戏创饮新流行"任务后,通过手机在活动现场和户外广告投放地点签到,就可获得相应的勋章并赢得抽奖机会。

(10) 用户黏性。APP 本身具有很强的实用价值,用户通过应用程序可以帮助让手机成为一个生活上、学习上、工作上的好帮手,是手机的必备功能,每一款手机都或多或少的有一些应用。

二、APP 营销的方法

随着应用 APP 的人数呈爆发式增长,企业要想使自己的 APP 应用脱颖而出,就要选择好的 APP 营销方法,从而达到营销效果。

(一) 登录应用推荐平台

企业可以把自己的 APP 放到安装平台上。在安装平台上,用户可以更容易地找到他们感兴趣的 APP，从而达到营销效果。此类的平台非常多，例如，苹果官方的应用商店 AppStore，安卓软件应用商店 Google Play（之前叫 Android Market），此外还有移动 MM、天翼空间、沃商店、安卓市场、软件商店、小米应用等。

（二）手机绑定

企业做 APP 营销时可以与手机制造商交易，让自己的 APP 作为某手机品牌的自带程序，这样可以更好地把 APP 推到用户面前，不过这种推广渠道成本可能比较高。

（三）微博

很多用户每天都在用手机看微博，在微博上发现好玩的 APP 应用，即可下载。APP 营销在微博上做得好的话，可以获得不错的点击率。在微博上做 APP 营销有以下几种方法：

(1) 直接带上下载链接，用户点击之后，可以链接到 APP 应用商店中的下载页。
(2) 描述内容要清晰，要把 APP 的好处列出来。
(3) 最好配合多组图片和视频，在用户美下载之前，可以快速了解 APP 的作用。
(4) 通过有奖活动、微博名人转发等方式吸引用户。

（四）排名优化

排名优化俗称为刷榜。针对一些主要的应用平台和商店，进行排名优化，就像进行搜索引擎优化一样。不同的平台，排名规则不同，所以优化的方法也不同，不过通常情况下，影响排名的因素有以下 4 个：

(1) 用户的下载量和安装量。
(2) 应用使用状况（打开次数、停留时间、留存率）、下载状况、评论数和评星。不过新应用或者刚更新会有特殊权重。
(3) APP 标题、关键词中的词汇，与用户搜索关键词的匹配度。
(4) 软件的评分。

（五）发码内测

发码内测其实就是饥饿营销。在软件正式上线前，不断的造势和预热，塑造 APP 的形象和价值，提高用户对 APP 的期望和下载使用的欲望。时机成熟后，开始宣布内测，如只发放 1000 个内测码，邀请 1000 个人进行内测。

（六）互联网开放平台的应用

互联网上的各大平台都在开放，如腾讯开放平台、360 开放平台、百度开放平台、开心网开放平台、人人网开放平台等。我们可以将 APP 介入这些开放平台中，直接去吸引这些开放平台上的海量用户。

（七）软文营销

文章的传播性是非常强的。而且文字也是非常容易吸引用户的。在 APP 上做软文营销推广，比较常见的软文策略有 3 种：①请权威媒体去报道；②请专业机构或媒体对产品进行评测，撰写评测稿；③请一些在用户中有影响力的行业专家、达人等撰写评论文章。

（八）限时免费

对于收费的 APP 应用，或者是应用内部分功能收费，可以采用限时免费的策略，这是一个常用的方法，但也是一个比较有效的方法。在互联网上，有很多限时免费的平台，这个一定要好好利用，如搞趣、iApps、苹果园、软猎、网易等。

（九）资源交换

APP 本身就是一个资源、一个渠道，所以可以用 APP 自身的资源，与其他 APP、媒体、平台等进行资源互换。互换前要注意在设计 APP 时，一定要预留一些应用推荐位置，无论在什么位置，但是一定要有，这是资源交换的筹码。

（十）网络广告

策略得当的广告是一种能够快速提升安装量的方法，可以选择一些按效果付费的互联网、移动互联网广告公司或者联盟进行合作，如投放 CPA 广告，这种广告的风险性低，且风险可控。

三、APP 营销模式

不同的应用类别需要不同的模式，主要的营销模式有广告模式、用户模式和购物网站模式。

（一）广告营销

在众多的功能性应用和游戏应用中，植入广告是最基本的模式。广告主通过植入动态广告栏链接进行广告植入，当用户点击广告栏的时候就会进入指定的界面或链接，可以了解广告主详情或者是参与活动。这种模式操作简单，适用范围广，只要将广告投放到那些热门的、与自己产品受众相关的应用上就能达到良好的传播效果。例如，美拍 APP 经常组织一些活动，让用户积极参加，并选出获奖者，调动了用户使用美拍 APP 的积极性。

（二）APP 植入

1. 内容植入

曾经风靡一时的"疯狂猜图"就是很好的内容植入的成功案例。该游戏融入广告品牌营销，把 NIKE、IKEA 之类的品牌的作为关键词，既达到了广告宣传效果，又不影响用户玩游戏的乐趣，而且因为融入了用户的互动，广告效果更好。所以企业最好是接与自己应用用户群贴近的广告主，这样的广告既能给用户创造价值，不会引起用户反感，而且点击率会比较高，因此能获得较高的收益。

2. 道具植入

例如，在人人网开发的人人餐厅这款 APP 游戏中，将伊利舒化奶作为游戏的一个道具植入其中，让消费者在游戏的同时对伊利舒化奶产品产生独特诉求认知与记忆，提升品牌或产品知名度，在消费者心中树立企业的品牌形象。同时 APP 的受众群体较多，这样的直接的道具植入有利于提升企业品牌的偏好度。

3. 背景植入，奖励广告

在一款抢车位游戏中，一眼看去，最突出的就是 MOTO 手机广告，将 MOTO 的手机广告作为停车位的一个背景图标，给消费者无形中植入了 MOTO 的品牌形象。游戏中还提到"用 MOTO 手机车位背景，每天可得 100 金钱"，这样的奖励广告，驱使游戏玩家使用该背景，这些奖励当然是真的，但这确实是企业的广告。

（三）用户营销

用户模式的主要应用类型是网站移植类和品牌应用类。企业把符合自己定位的应用发布到应用商店内，供智能手机用户下载，用户利用这种应用可以很直观的了解企业的信息。用户是应用的使用者，手机应用成为用户的一种工具为用户的生活提供便利性。这种营销模式具有很强的实验价值，让用户了解产品，增强产品信心，提升品牌美誉度。

欧莱雅推出的一款APP"千妆魔镜"。这款APP可以省去了到专柜试妆的麻烦。用户可以直接利用手机的前置摄像头拍摄用户的影像，然后在页面上的"产品"之中选择欧莱雅的一系列化妆品，每选中一件，屏幕上就会自动显示出这款产品在用户对应部位上的效果，随着面部表情的变化，这些妆容也会跟着变化。除了单一的产品外，还可以试用"设计师妆容"。"设计师妆容"是一整套由设计师打造的妆容，还有明星的示范。用户可以将自己试用的妆容保存下来。如果对产品感兴趣，可直接点击购买，页面就会切换到欧莱雅的天猫旗舰店上。

用户营销模式的重点是培养忠诚客户，忠诚客户经常重复性购买系列产品，对其他品牌具有免疫力。

相比植入广告模式，具有软性广告效应，客户在满足自己需要的同时，获取品牌信息和商品资讯。

（四）内容营销

通过优质的内容，吸引到精准的客户和潜在客户。从而实现营销的目的。例如，"汇搭"通过为消费者提供实实在在的搭配技巧，吸引有服饰搭配需求的用户，并向其推荐合适的商品。这不失为一种商家、消费者双赢的营销模式。

很多人每天都为如何搭配服饰烦恼，"汇搭"APP可以提供服饰搭配参考。在"汇搭"APP主界面中，用户可以自由地翻阅最新的时尚资讯。在弹出的对话框中，用户可以将该搭配方案分享到云分享、电子邮件等，可以查看清单，在清单中选择相应的服饰即可跳转到淘宝商品页面，方便用户进行购买。

（五）购物网站模式

购物网站模式是指商家开发自己产品的APP，然后将其投放到各大应用商店以及网站上，供用户免费下载。

该模式基本上是基于互联网上购物网站，将购物网站移植到手机上面去，用户可以随时随地地浏览网站获取商品信息，进行下单。这种模式相对于手机购物网站的优势是快速便捷，内容丰富，而且这种应用一般具有很多优惠措施。

第三节　二维码营销

二维码营销是目前最火的移动互联网营销手段。门槛和成本低、可应用行业广泛、简单方便、可塑造性强使二维码营销成为网络营销界最有潜力的微营销方式。二维码营销是各行业进军移动互联网营销必备的手段。

一、什么是二维码营销

二维码（Dimensional Barcode），又称为二维条码，是在一维条码的基础上扩展出的一种具有可读性的条码。设备扫描二维条码，通过识别条码的长度和宽度中所记载的二进制数据获取其中所包含的信息。相比一维条码，二维码记载更复杂的数据，如图片、网络链接等。

二维码营销是指企业利用二维码制作一系列的营销活动，如产品信息、企业活动、企业简介等。很多企业都会把二维码与一些营销互动的媒介结合在一起，引导消费者扫描二维码，来推广相关的产品资讯、商家推广活动，刺激消费者进行。常见的营销互动类型有视频、电商、订阅信息、社会化媒体、商店地址等。

二、二维码应用分类

二维码营销的行业应用是依据二维码低成本、高译码可靠性、高保密性、高纠错能力、可编辑外观、新颖等特性展开的。我们可依据以上特性将其分为以下两类：主读类应用和被读类应用。

（一）主读类应用

1. 溯源

绿色食品生产源为食品分配条码，并与质量认证机构分别为每种食品录入详细信息、认证状况等。消费者购买食品时，只需使用手机扫码或发短信，即可随时随地对产品认证状况等信息进行查询，并可及时举报虚假、错误信息。

2. 防伪

将二维码印制在票据、证件及高价值的产品上，辅以识读客户端和后台的验码系统，即可形成信息化防伪应用。在此类应用中，客户端识别二维码后可获得验码系统中事先生成的票据或产品信息。通过将这些信息和实物的比对，即可核实实物的真伪。

3. 广告媒体

商户将包含网址的二维码印制在杂志、报刊、宣传资料、户外广告上，用户通过自己手机中安装的二维码识读客户端扫描，即可快速访问商户网址，加强了商家和潜在用户的互动，丰富了广告中包含的信息。

4. 电子名片

企业在印制纸质名片的时候，将包含姓名、联系方式、电子邮件、地址等信息的二维码码图一起印在名片上。收到名片的用户使用手机客户端识读名片上的二维码，即可将二维码中包含的信息存入到手机的通讯录中。

5. 购物直通车

在面积较大的平面广告上，将热点产品以货架的样式展现出来，辅以必要的文字说明。用户如果发现有自己需要的商品，即可使用手机拍码，直接进入订单页面，简单填写少量信息（如购物件数等）后，即可完成订购，省去了用户上网重新搜索此商品的步骤。

（二）被读类应用

1. 积分兑换

积分兑换是企业将积分兑换的商品或服务以二维码电子凭证的方式发送到其会员手机上，会员通过二维码凭证到指定的地点兑换商品或者享受服务。电子积分兑换可提供更便捷高效的客户回馈体验，可节省物流和仓储成本，同时可为企业提供准确的结算数据。

2. 团购

团购网站在商品或服务的销售环节，引入二维码作为购买凭证，消费者在线付款后，向消费者手机发送二维码购物凭证，消费者可直接凭借该二维码凭证到销售该商品或服务的商家进行消费。

3. 电子 VIP 会员凭证

企业客户为会员发放二维码短彩信会员凭证，会员凭借存储在手机上的二维码短彩信即可在特定场所享受会员服务。

4. 电子票

消费者通过移动互联网、电话等方式实现移动订票，票务订单生效后，将电子票以二维码短彩信的方式发送至消费者手机，消费者到场后凭手机上的二维码电子票即可验票进场。

5. 电子签到

电子凭证签到是利用手机二维码进行签到验证的会务系统。企业用户只需向系统添加参会人员基本信息，然后由平台管理员将二维码发送到参会人员手机中，参会人员即可使用手机中的二维码进行签到。电子凭证签到方式不仅方便快捷，而且安全可靠，有助于参会人员的数据管理。

三、二维码营销技巧

随着智能手机的普及，二维码的运用领域越来越广泛，很多商家利用二维码营销进行企业宣传。

（一）吸引用户

企业想要实现二维码营销的目的，首要任务就是吸引消费者的眼球。

1. 带图形的二维码

如今的二维码并不只是黑白格的形式了，它还可以添加图片。企业把宣传物主题的核心元素与二维码搭配显示，适当的遮挡，可以营造出比较时尚的构图。

企业做二维码营销的时候，可以利用图形二维码放置产品图片，使得二维码承载的不仅仅是文字，更加富有创意的使用了图片来完善企业的二维码信息。

2. 有创意的二维码

如今媒体传播环境日益丰富，年轻化的消费受众更是喜欢尝鲜，而彩色的二维码无疑让二维码这个小小的方格散发出新的生命力。

企业常常用彩色的二维码作为产品的营销方式，并且缤纷的色彩能给人带来视觉的有力冲击，给人留下深刻的印象

3. 品牌植入二维码

运行二维码营销的时候可以将品牌植入二维码，做成了一个以生活为主题的情景画面，在二维码中放入大众生活场景的画面，极具创意，借此吸引顾客目光，获得大众注意。

4. 结合产品的二维码

做二维码营销，可以让产品信息与二维码外观相结合，给二维码加入其他元素，使二维码具有突出活动主题，扩大活动影响力的作用，达到既让二维码更具吸引力，又能突出

活动信息的目的。

5. 创造惊喜

利用微博、微信送祝福,编个二维码给用户一份压岁钱。

6. 趣味性

趣味性的二维码营销活动,也是取得成功的捷径。例如,灵动快拍与阳澄股份——阳澄湖大闸蟹进行二维码防伪合作,消费者只要扫描大闸蟹"腰带"上的二维码即可辨别大闸蟹的真伪。

7. 内容介绍明确

运用二维码营销,明确扫视用户二维码里的内容,例如二维码里头是优惠券,应该要在二维码旁边说明这里面是优惠券。

(二) 圈住用户

在顾客扫描二维码后,如何让顾客持续消费,首要原则之一是给顾客带来利益和几乎完美的服务。

1. 给用户带来利益的二维码营销

如果二维码只是一味地塞给顾客企业想传递给顾客的信息,而没有给予顾客需要的信息,那商家的二维营销将寸步难行,所以一定要考虑到给顾客带来利益的二维码营销创意。

2. 提供售后服务的二维码营销

企业可以利用二维码营销给顾客提供良好的售后服务,企业只需在每一件产品的售货服务卡上,印有一个独一无二的二维码。

3. 利用二维码的网站链接功能

企业实行二维码营销的过程中,可以利用二维码的网站链接功能,在方便用户进入网页的表面下,还能潜在的替网站增加流量。

在报纸上印制二维码,不仅能增加文字新闻的生动性,让消费者更加了解事情经过,增加报纸的销量。

4. 调动用户积极性

可以利用二维码互动营销平台,将官方二维码可印刷在多种载体上,用户通过手机摄像头扫描二维码即可实现快速浏览企业的活动信息、获取优惠券、参与抽奖等营销活动。

5. 及时追踪二维码营销效益

二维码扫描跳转后,消费者在活动页面停留的时间才是营销活动的成功与否的主要指标,毕竟,二维码只是一个辅助工具。

如果消费者扫描后在跳转页面中停留的时间极短,甚至没看清这个页面到底是做什么的。那只能说,这枚二维码非常吸引人,但活动是失败的。

若二维码扫描量过低就该反省下中间的细节。

(三) 增加用户

在成功吸引顾客后,就该利用二维码营销来想办法增加用户。增加用户技巧如下。

(1) 链接页面的设计。尽量使用较短的网络地址,网页的内容要精简干净,链接网页不要放 Flash 元素。

（2）增加二维码清晰度。用二维码营销，必须保证二维码的清晰度。企业不能使用自己的LCD屏幕来测试影片二维码，这对于二维码扫描成功率有很大的影响；当二维码图形没有经过适当的调整，直接放置在户外广告上，消费者可能根本扫不出来。

（3）让用户深入体验广告。应该想出一些新奇的方式，把二维码展现到为用户的面前，就算二维码内容单一，引起用户有想扫描的欲望，那么这样的二维码营销就算成功了一半。

四、二维码营销渠道

在运行二维码营销的时候首先要明确投放二维码的目的，针对企业的最终目的，定下适合企业二维码营销的营销渠道。

（一）微信

微信二维码是二维码营销的主要渠道，它是腾讯开发出的配合微信使用的添加好友的一种新方式，是含有特定内容格式的，只能被微信软件正确解读的二维码。

随着微信的大热，企业把营销目光放到了微信二维码上，制作一个独属于自己公司的微信二维码，放置于企业微信账号上，关注了企业微信账号即可通过扫描企业微信二维码了解企业文化。

一些针对附近人群经营的小型企业，还可利用微信中"查看附近的人"和"向附近的人打招呼"两个功能，推广自己的二维码。

（二）企业名片

二维码可以与传统名片相结合，有利于二维码营销的运行，可以实现除了容纳电话、邮箱等传统联系方式之外的更多信息。

通过二维码名片，企业可以引导买家直接进入指定页面，了解产品信息。

以广交会出现的二维码名片为例，买家只需要用手机在二维码上扫描一下，就可以马上进入企业在环球市场国际电子商务平台上的英文网站，了解更多产品的款式、详细的产品参数和介绍等。不仅可以减少企业产品目录手册的制作成本，而且大大提高了企业在电子商务平台上的投入效益。

（三）微博

人们随时随地地在使用微博，微博已经成为一种时尚，网民们喜欢在微博上看自己感兴趣的话题，了解新话题，而企业则利用名人效应，在微博上给自己的产品打广告。

明星韩某在微博上曾发布了一张小野的照片，"国民岳父"的美名自此广为人知。于是就有网友开辟了"国民岳父韩某"的微博话题。

紧随其后，韩某抓住势头开始推广他将要上映的电影。在微博上放置了电影的各种花絮照和MV，在电影《平凡之路》发布的同时，宣告了朴某的复出。

（四）宣传单

通过平面、户外、网络以及印刷品等媒体可以很方便地让二维码显露出来。二维码与现有媒体的捆绑的方式，可以将现有媒体传播价值保留和延伸至移动互联网中，以沉淀新产生的潜在客户。

企业在运行二维码营销的过程中，可以在印刷活动单页的时候，印刷一个相应的二维码。用户可以直接扫描二维码，单页随时就可以扔掉，让用户把你的真正目的带走。

宣传单是最普通的最能直接接触用户的推广方式，宣传单的主要好处是可以将广告的发行浪费程度降到最低，每一个接受广告的人员都是实际的或者潜在的顾客，因为内地印刷业发达，遍地的印刷厂，所以印刷宣传单，量越大越优惠，将二维码印制在宣传单上能极大地起到宣传推广作用。

第四节 微 信 营 销

如今人们的生活离不开手机，而手机上的客户端由以前的QQ到现在的微信，人们几乎每天都会无意识地查看QQ消息，翻看微信消息，而企业可以利用微信这个庞大的朋友圈来开展营销活动，从而使得微信营销时代来临。

一、生活因微信而改变

扫一扫、摇一摇、发红包、传照片、拍视频、聊天……如今，玩微信已经成为比玩微博、QQ更时尚、更新潮的生活方式之一。

随着微信功能的不断增多，应用人群的不断拓展，使用微信的人群越来越多。有了微信，人们可以随时随地和好友互动，可以轻松获取各种资讯，只需扫一扫便可获得折扣。可以说，现在，生活正在因为微信而悄然发生改变。

（一）微信交流平台越发"热闹"

随着微信这一款手机软件的问世，人们的沟通方式再一次被改变。如今，无论何时何地，都能够随处发现有人正在使用微信，它让人与人之间的沟通变得更加便捷，但与此同时，却又在一定程度上淡化了人们面对面交流时所有的"人情味儿"。微信甚至替代了电话，成为人与人之间主要的沟通工具。

（二）微商购物成"热门"新选择

通过网络购物，这早已不是什么新鲜事，但微商却让人们的网络购物又有了一个新选择，特别是随着越来越多商品出现在微信朋友圈，尽管存在弊端，但也阻挡不了微商不断发展的趋势。从一开始的警惕，到慢慢开始接受，再到如今已经习惯了微商购物。

（三）商家纷纷试水微信营销

随着微信越来越流行，越来越多的商家将微信和营销联系起来，利用微信强大的号召力做线上线下活动，吸引消费者，从而达到营销的目的，如扫一扫商场的二维码，添加公众号并注册会员可以打折。

（四）微信是携带方便的"小灵通"

微信走入人们的生活后，已成为人们获取信息的重要方式之一。有了微信就等于随身携带了一个"小灵通"。

不得不承认，微信时代的到来，通过微信朋友圈获取信息成为众多"低头族"的首选。因为以前获取信息，可能就是通过电脑、QQ、微博等，虽说每种软件都是获取信息的渠道，但相对微信来说，功能还是显得较为单薄。微信的好处在于他强大的综合性，既可以通过好友发布的消息、小视频获取信息，也可以从关注的各种公众号获取信息，而且加入的众多好友群，也是获取信息的好地方。

二、微信营销的方法

（一）朋友圈

利用朋友圈里的小视频、分享链接、图片动态、纯文字来做营销，就拿分享链接来说，只要把链接发到朋友圈里，好友感兴趣就会点击观看。

（二）扫一扫

企业申请好的企业公众号，用户不用繁琐的去查找再添加企业公众号，可以直接扫一下二维码，即可关注企业信息，并且企业还可以利用二维码技术，使用户用微信扫一扫就可以成为企业会员。

（三）微信公众平台

企业可以创建一个微信公众平台，为用户提供信息，并发布自己产品的信息。微信公众平台分为了服务号、订阅号、企业号3种模式。

（四）微信 VIP 用户

信息推送不限制，目前微信公众账号基本都只能发送一条每天，有这个服务后，每天可以增加到 5 条。

个人微信可以上传个性化处理照片和视频，如新增微信硬盘、微信相册、付费表情等；同时新增有朋友圈功能设置（像字体设置展现形式）、享受投票等功能等。

微信好友分组和专属服务器等功能，使语聊视频更顺畅。

（五）LBS 定位服务

微信里的"附近的人"是最精准的微信营销方式，企业可以通过它有效的定位一个区域，然后向这一区域内的用户发送信息，告诉他们这里有优惠。

（六）投放硬性广告

企业可以采用微信开启页、首页最上端 banner 栏、朋友圈最上端图文广告、好友推荐等形式进行微信营销，实现盈利。

（七）微信红包

微信红包开创了抢红包思维，顾名思义就是为用户提供一些具有实际价值的红包，通过抢的方式吸引用户积极参与，引起用户对企业的强烈关注、找到潜在客户，并实施针对性营销。

三、微信公众号营销

微信公众号是企业在微信公众平台申请的应用账号。该账号与 QQ 账号互通，通过公众号，企业可在微信平台上实现和特定群体利用文字、图片、语音、视频的模式全方位沟通和互动，形成了一种主流的线上线下微信互动营销方式。

（一）微信公众号简介

微信公众平台是腾讯公司在微信的基础上新增的功能模块。通过这一平台，个人和企业都可以打造一个微信的公众号，在公众号上可以群发文字、图片、语音，它是进行营销宣传的良好平台。例如，线上线下微信互动营销的代表微部落，率先提出标准的行业通用模板和深定制的微信平台开发理念相结合，形成了线上线下微信互动营销的开放应用平台。例如，铁路 12306 公众号上的货运服务，就可以查询线下的业务。

对于企业而已，认证公众号既是身份和品牌的象征，又是对自己的保护，而且认证之后对于微信内的信息搜索等方面也有积极的帮助。但用户不得利用微信公众号或微信公众平台服务进行如下操作：

（1）提交、发布虚假信息，或冒充、利用他人名义的。

（2）强制、诱导其他用户关注、点击链接页面或分享信息的。

（3）虚构事实、隐瞒真相以误导、欺骗他人的。

（4）申请提交后 3～7 个工作日内可正常使用。

（5）侵害他人的名誉权、肖像权、知识产权、商业秘密等合法权利的。

（6）申请微信认证资料与注册信息内容不一致的，或者推广内容与注册信息所公示身份无关的。

（7）未经腾讯书面许可利用其他微信公众账号、微信账号和任何功能，以及第三方运营平台进行推广或互相推广的。

（8）未经腾讯书面许可使用插件、外挂或其他第三方工具、服务接入本服务和相关系统。

（9）利用微信公众账号或微信公众平台服务从事任何违法犯罪活动的。

（10）制作、发布与以上行为相关的方法、工具，或对此类方法、工具进行运营或传播，无论这些行为是否为商业目的。

（二）公众账号运用策略

1. 微信内容丰富

如今，丰富的内容才能吸引人。要想使微信公众号内容丰富，首先要想到微信该怎么样展示内容。微信上可以用图文信息、视频、文本去展示内容，企业需要考虑适合自己的展示方式。微信营销关键在内容的质量。高质量的内容会得到众多人的分享，会形成病毒营销。

但每次推送微信时不要超过 3 条图文消息，如果推送的信息过多，就会没有了重点，信息中图片不能过多，3 张以内比较合适，图片大小要控制在 50K 以下，图文信息打开速度影响用户阅读率。

2. 微信互动是关键

掉粉是经常会有的事情，企业要做的是怎么尽可能，满足客户需求，如通过微信可以查询产品价格、可以申报产品故障。例如，中信银行微信每次消费、还款都会有提醒。明确每一次沟通、互动、推送的对象是谁，读者对这个人越了解，信任度就越高，包括他的公司职位、姓名、联系方式。

3. 微信粉丝准确定位

在微博营销领域有这样一句话："一切以粉丝数量为指标的营销行为都是耍流氓。"因为大家都知道，粉丝是可以花钱购买的，买些买来的"僵尸粉"对企业而言完全没有作用，只是一个数字而已。

这句话同样适用于微信营销。增加粉丝数量是一个公众账号运营的重要任务，粉丝数量的增加是每个企业所必需的，但值得注意的是，企业不能盲目地增加粉丝，粉丝一定要精准有效。

在微信营销里要注意微信粉丝质量。因为微信最大的特点就是信任性和私密性，所以做微信营销，一定不要泛泛追求粉丝，而是要以精确性为核心。

四、微信营销的技巧

微信像是一个聚宝盆，提供了很多功能应用给企业创造财富，只要企业对微信营销了如指掌，那么收益就会自然而然的多起来。

（一）最吸引用户的内容

微信内容的定位应该结合企业自身的特点，同时应从用户的角度去着想，而不一味的只推送企业自己的内容。用户只有从微信当中获得想要的东西，他们才会加更忠实于企业，和企业成为朋友。接下来的销售才会理所当然。要以内容为王，用户是冲着内容才来的，推荐也是因为觉得内容有价值。

（二）最用心的推送方式

现在绝大多数的微信公众账号每天都有一次群发消息的功能，其实这个频率已经很高。

推送频次最好一周不要超过五次，太多了会打扰到用户，最坏的后果可能是用户取消关注；当然，太少了就不引起用户的注意，觉得微信公众账号只是一个摆设，所以一定得把握好这个度。

推送的形式不一定都是图文专题式的，也可以是一些短文本，文本字数一般在一两百字，最为关键的在于内容能引发的读者思考，产生思想的火花，形成良好的互动效果。

（三）最亮点的用户对话

如今的人们都追求个性化，微信回复顺应了这个潮流。许多微信账号被"拟人化"，用户咨询问题时，得到的回复非常有特色。很多微信账号都有一个十分特色名字，如艺龙旅行网的"小艺"。

（四）最创意的微信活动

以重庆小天鹅扫二维码成会员为例，重庆小天鹅只需制作附有二维码和微信号的宣传海报和展架，配置专门的营销人员现场指导到店消费者使用手机扫描二维码。消费者扫描二维码并关注企业公众账号即可成为会员。

消费者凭借微信会员卡，可在买单的时候享受打折优惠。以防顾客消费之后就取消关注的情况出现，重庆小天鹅会提醒用户优惠券快要到期了，及时推出新的优惠活动，使得顾客能够持续关注并且经常光顾。

（五）最实用的宣传技巧

1. "病毒式"口碑营销

企业可以利于二维码的形式发送优惠信息，这是一个既经济又实惠，更有效的促销好模式。顾客主动为企业做宣传，激发口碑效应，将产品和服务信息传播到互联网还有生活中的每个角落。

2. "意见领袖型"营销技巧

微信互动营销可以有效地综合运用意见领袖型的影响力，和微信自身强大的影响力刺激需求，激发购买欲望。

3. "视频、图片"营销技巧

运用"视频、图片"营销技巧开展微信营销，先要在与微友的互动和对话中寻找利用市场，发现利于市场。

思考与练习

1. 简述移动营销的概念及内容。
2. APP营销模式有哪些？
3. 简述二维码应用的分类。
4. 微信营销的技巧有哪些？

第六章

社交类移动商务应用

【学习目标与要求】
了解社交类移动商务的定义，了解社交类移动商务涉及的领域，进而对社交类移动商务应用有基本的认识，并了解移动医疗和移动学习的运作模式，为以后从事相关工作打下基础。

【学习重点】
移动医疗和移动学习的概念和运作模式。

【学习难点】
如何理解社交类移动商务的运作模式。

社交是人类作为社会性群体的基本属性，从人类诞生起，不管形式如何，不管是否在意识支配下，相信人类的社交活动从来不曾停止过，也正是基于此行为的不断重复、尝试和强化，才逐渐形成了语言、文字以及艺术等社交活动的载体和产物，在现今的社会条件下，社交的范畴得到了极大地扩张，我们生活中的每一个动作，每一个行为都直接或者间接地参与着社交活动。这些社交活动可能是关系型的，如日常工作；可能是有所倾向的，如关注特定人的微博和公众号；或者可能是互相交换型的，如购买等。社交类移动商务的应用作为"线上应用"是线下实际社交活动的时间和空间的自然延伸，是技术条件下的人类需求的必然产物。

目前社交类移动商务涉及的领域也越来越广泛了，如银行业务、股票交易、订票业务、购物、娱乐、医疗、学习、旅游等方面，下面就移动医疗和移动学习两个方面的典型案例来进行分析。

第一节 移动医疗

一、概念

国际医疗卫生会员组织 HIMSS 给出了定义：移动医疗就是通过使用移动通信技术，如 Pad、移动电话和卫星通信来提供医疗服务和信息。它为发展中国家的医疗卫生服务提供了一种有效方法，在医疗人力资源短缺的情况下，通过移动医疗可解决发展中国家的医疗问题。

二、基本特色

1. "随手可得"的医疗服务

移动医疗改变了过去人们只能前往医院看病的传统生活方式，现在人们能够随时随地听取医生的建议，或者是获得各种与健康相关的资讯。医疗服务因为移动通信技术的加入，不仅将节省之前大量用于挂号、排队等候乃至搭乘交通工具前往的时间和成本，而且会更高效地引导人们养成良好的生活习惯，变治病为防病。

2. 大刀阔斧地对公立医院进行改革

2010年10月起，国家卫生部决定启动全国近百家医院和部分区域的电子病历试点工作。卫生部领导在公开场合表示，建立和完善以电子病历为核心的医院信息系统，是公立医院改革试点工作的重要任务之一。

3. 深挖通信产业的"金矿"

移动医疗对于移动运营商、医疗设备制造商、芯片企业、应用开发商等通信产业链各个环节，是一座"金矿"、一项潜力极大的"朝阳产业"。运营商可以借助与SP❶的收益分成，变单纯的"管道工"为"智能管道"。例如，日本运营商NTTDoCoMo就给出了"智能管道"的一个范例。2010年，NTTDoCoMo的"智能管道"平台，让用户和各种专业医疗和保健服务提供商共同拥有了一个符合标准的、安全可靠的生命参数采集和分发平台，从而架起了用户与医疗保健机构沟通的桥梁。在收费模式上，运营商代收费模式值得借鉴。例如，卡塔尔电信就专门为用户设置了一个移动医疗账号，以便用户支付移动医疗费用。

对于医疗器材制造商来说，无线宽带网络、RFID芯片与传统诊疗设备的全新组合，让传统诊疗设备跳动了一颗"智慧心"。美国的GE公司2009年就研发了一种名叫"Vscan"的手机式超声仪，在中国市场的前期测试中反响相当好，就像现在的血压仪、听诊器，医生手中拿到这个超声仪，可以一下提供好多信息辅助诊断。

对于SP们，智能手机的日益普及，也让他们在移动医疗中分得一杯羹。中国有家医疗网站"好大夫"，在线推出了完全免费的iPhone客户端。截至目前，好大夫已经收入全国3100多家正规医院、26万余位大夫，通过手机，可以检索到包括所有常见疾病以及全国各地医院、大夫的相关信息，患者可浏览检索到当地医院介绍、科室介绍等相关信息，也能查询到大夫的简历、出诊时间等，甚至可以查看患者对该医生的打分评价。

三、案例分析

1. 春雨掌上医生

2011年，曾担任网易副总编辑的张锐离职创业，他把创业点选在了老大难问题——医疗服务，他希望用移动互联网的方式来提供医疗健康服务。

自2011年创办以来，春雨掌上医生已发展成世界上最大的移动医患交流平台。截至2015年7月，春雨掌上医生已拥有6500万用户；月活跃用户达260万；20万注册医生和7000万条健康数据；每天有11万个健康问题在春雨掌上医生得到解答。

春雨掌上医生的核心业务有两块：自诊和问诊。自诊是用户使用掌上医生客户端操作，通过点击模拟人体的不适部位看到具体症状，然后可以查询到相关的病症名称、检查

---

❶ SP（Service Provider）指移动互联网服务内容应用服务的直接提供者，负责根据用户的要求开发和提供适合手机用户使用的服务。

治疗方法等信息；问诊是当用户自诊仍然不确定疾病时，可以通过语音、图文等方式，向5000多名来自全国的三甲医院医生提问。

春雨掌上医生的付费模式分为在线咨询付费和电话咨询付费两个部分。在线咨询的费用按回复的时间分为6元、12元和25元三档，价格越高，得到答复的时间就会越短。电话咨询则是按分钟收费，价格会更高一些，这种方式被春雨掌上医生称为"双向撮合交易"。

春雨掌上医生更像是个医疗平台，上游聚集了自诊症状、病情等的数据库以及可在线答疑的众多医学专家，下游黏合的是上千万的用户，为医患间构建了一条咨询交流的桥梁，用户足不出户就能得到专业的医疗诊断咨询服务。

2. 好大夫在线

好大夫在线创立于2006年，是中国领先的医疗信息和医患互动平台。创立之初，好大夫在线聚焦于为中国患者提供就医参考信息，建立了互联网上第一个实时更新的门诊信息查询系统。在众多医生和患者的支持和参与下，经过几年的快速发展，好大夫在线已经在多个领域取得领先地位。网站功能为：①在线咨询；②电话咨询；③在线执医；④家庭医生；⑤会诊（图文会诊和视频会诊）。

把服务价格作为杠杆，可以根据价格的调整来协调每天可以线上服务的患者，让患者有更多优质的医疗服务可以选择。

好大夫在线有自己独到的网站运营特色：

（1）"老患者＋新患者"双重流量。线下老患者报到管理，形成网站内容，吸引大量精准新患者（绝对的核心），老患者管理带来新患者。

让自己门诊、住院、手术的患者进行报到，进行线上诊后管理，形成网站的疾病内容数据，同时把线下口碑和品牌带到线上去快速传播，吸引线上通过搜索找医生的患者，获得新的精准病人。

全国三甲医院目前有数万名医生在做患者报到和管理。老患者报到是医生把网络口碑做好的最核心环节，数据显示，线上年收入过30万元的医生92％在做患者报到和管理。建议每个月至少患者报到和管理50人以上，并且产生有效沟通。

（2）发布患教文章，形成网站患教内容数据，吸引新患者。医生经常发布领域相关的疾病文章，尽量用通俗易懂的文字，强调自己擅长疾病的关键词，增加疾病关键词和疾病描述，因为患者都是根据疾病关键词搜索找到医生的，站在患者的角度来写文章，才能吸引更多目标患者访问，增加新的精准患者的访问，内容决定患者访问流量。

（3）标准化的线上问诊。有患者提问的时候手机会提醒，方便医生更及时地回复患者，回答问题尽量用一些常见的关键词，比如疾病的症状描述等符合患者搜索习惯的关键词，增加患者搜索到的概率。同时回复时前几次用语音回复，患者听到医生的声音，会更加信赖和安心。针对疾病和患者有详细的互动和解释，有明确的疾病诊断，有明确的医嘱或者处方，有完善的诊后管理。总之，线上问诊，医生都按照线下医院门诊的问诊标准和患者沟通，患者的体验会非常好，患者也会持续线上购买医生的服务，持续为医生的服务买单。

第二节 移动学习

一、概念

移动学习是一种在移动设备帮助下的能够在任何时间、任何地点发生的学习。移动学习所使用的移动计算设备必须能够有效地呈现学习内容并且提供教师与学习者之间的双向交流。

二、内涵

移动学习在数字化学习的基础上通过有效结合移动计算技术带给学习者随时随地学习的全新感受。移动学习被认为是一种未来的学习模式，或者说是未来学习不可缺少的一种学习模式。

（1）移动学习是在数字化学习的基础上发展起来的，是数字化学习的扩展，它有别于一般学习。Sun 公司的 E-learning 专家 Michael Wenger 针对移动学习提出了他独到的见解，他认为移动学习并不是什么新鲜事物，因为在传统学习中印刷课本同样能够很好地支持学习者随时随地进行学习，可以说课本在很早以前就已经成为支持移动学习的工具，而移动学习也一直就在我们的身边。

（2）移动学习除具备了数字化学习的所有特征之外，还有它独一无二的特性，即学习者不再被限制在电脑桌前，可以自由自在、随时随地进行不同目的、不同方式的学习。学习环境是移动的，教师、研究人员、技术人员和学生都是移动的。

（3）移动学习实现的技术基础是移动计算技术和互联网技术，即移动互连技术；实现的工具是小型化的移动计算设备。

三、特点

1. 灵活多变的学习方式

无论在出差路上，还是在机场车站；无论是等候间歇，还是片断时间，随时随地，打开智能手机和平板电脑登录中信移动学习平台，都可以方便浏览最新资讯、阅读新书、学习课程。

2. 先进高效的学习理念

中信移动学习的课程系列采用了最新的 LPM 学习过程管理，将课程划分成精心提炼的章节，分段按时推送，辅以大量学习补充资料，并在过程中增加了许多分享互动环节，促使学员结合实际工作进行思考，加强记忆的同时更提升学习效果。

3. 精致阅读＋专业课程

中信移动学习的两大内容主体是阅读＋课程。基于中信出版社强大的经管类图书资源，阅读有着不可比拟的资源优势。而所有的培训方式都离不开专业理论，经典图书就是专业理论的源泉，也是培训学习的原动力。

4. 学习效果完全掌握

通过对学员的学习资料下载、经验分享、登录次数等关键数据统计，可以了解到学员的学习习惯和学习主动性，企业的管理层可以凭借此对学员学习效果进行有效跟进和掌握。

5. 减少培训设备投入

移动时代人人必备手机，智能终端的普及率逐年提高。采用移动学习方式，企业无须为员工配备电脑，只要让员工下载 APP 到自己的手机终端，就可以随时加入企业培训课堂。

6. 定制终端企业方案

根据需要中信移动学习可以为企业提供定制终端方案，在基础平台大模块的前提下，为企业专门制作整体 UI 设计、上传企业资讯、企业定制课程等，满足企业推广品牌、传播企业文化、专业化员工培训的需要。

四、案例分析

1. 美国青少年热衷移动学习

据美国"教育新闻"网站报道，近期一项对 1300 名 13~18 岁美国中学生开展的调查发现，青少年普遍希望在学习过程中运用科技手段，期待大学教学融入移动学习模式，使教学过程更具吸引力和互动性，让学生有机会掌控个人学习计划。

调查结果显示，美国青少年对几乎所有的技术工具都持积极态度。其中，84％的青少年认为智能平板电脑对学习的帮助最大，其次是电子教材和与学习内容相关的网页等。最受学生欢迎的学习网站是可汗学院、技术分享技能网站和慕课网络平台。另一项网络调查也发现，在美国中小学生的家长中，大部分认为教育技术对孩子的学习能力有积极影响，主要也是因为技术手段能增强教学的吸引力和互动性。

调查还发现，美国青少年是"分享的一代"，他们乐于通过技术手段分享信息，也期待一个能让他们与同伴通过分享来共同创造教学体验的学习环境，因此调查建议大学可根据这一代青少年的特点，创造更多开放学习的空间和机会。

2. 浙江：启动移动学习终端试点"平板课堂"探究竟

打开 Pad 平板，戴上耳机，调整麦克风的位置，同学们念出了平板屏幕上的五个英语单词，录音随即被传到了任课老师的平板系统里。老师点开学生头像，播放录音，检查发音，确认无误后，一次课堂的"实时互动"就结束了。

浙江省从 2015 年起为进一步促进教育高位优质均衡发展，推进教学创新，省教育厅启动实施移动学习终端试点项目。该项目被列入 2015 年浙江省教育厅为民办十件实事，由省级专项投入 2000 万元，为全省 31 个相对薄弱的县（市、区）小学配备 12000 套移动学习终端和配套充电柜、无线路由器。

（1）颠覆传统教学模式：打造互动课堂。诸暨市实验学校 40 位同学一开学就幸运地拿到了学习平板。这款专利平板与一般的 iPad 大小相近，外部套有一层保护壳，前盖掀开后，可以在背面折叠成一个"三角"，供平板支撑在桌子上。

课堂上，老师的 PPT 投影与平板是同步的，同学们目不转睛地盯着自己的平板听老师讲课，不仅可以利用专用笔在 PPT 上做笔记，还能"一键截图"把老师的板书保存下来。一位近视比较严重的同学说，原先上课的时候，投影受光线影响，字迹会变淡，听课很吃力。"现在只需要盯着自己的平板，就能看清 PPT 和板书了。"

英语课上，老师向大家提问："有谁看过《偶像来了》？看过的同学跟老师分享一下感受。"随即,每台平板的屏幕上就弹出了一个带有 2 分钟倒计时的对话框。同学们纷纷写上了"很好看""好美丽"等答案,并点击了"提交"按钮。

"平板承载的系统能不受时空限制地互动,课中或课余,学校或家里,都可以实现师生互动。而且在传统课堂上,老师提问只能让少数同学站起来回答,现在只要一个按键,问题就能传输到每位学生的平板上,收集他们的答案。"据提供这套课堂平板系统的企业负责人解释道,"随堂互动,除了能及时反馈学生是否掌握课堂知识点外,还可以帮助集中他们的注意力。"

(2)实现了高效学习:提高学习质量。预习想偷懒?老师可以在平板背后看数据。每一位学生的预习进度与习题对错分析,都逃不过任课老师的"火眼金睛"。

通过系统的数据分析,老师可以了解到学生的预习效果。诸暨实验学校的老师说:"通过平板反馈的数据分析,我能看到学生某个知识点已经有效掌握了,那么正式上课的时候,我只要简单带过一下该知识点就可以了,节省下来的时间可以放在重点难点上。"

除了在课前帮助同学们做好有效预习外,平板移动终端让使用者们真正体会到了"互联网+"教育模式带来的高效与便利:作业也可以在平板上完成。同学们完成习题后,系统就会批改作业,并出示讲解。"纸质时代,教师们忙于印卷子、收发卷子,批改任务重。部分学生可能会抱着'老师不会改作业'的侥幸心理,马虎应付作业"吴青说,现在用平板"在线"做作业,就很好地解决了这个问题。

同时,针对做错的题目,学生只要将它添加到"错题本",就能集中梳理自己的困惑,还节省了摘抄错题的时间。

这么多直击学习痛点,解决学生学习问题的学习新模式,带来的教育革新和教学成果,应该会随着时间慢慢地体现。据了解,英国、韩国不少小学都收获了利用平板移动终端上课的教学硕果。67%的学生认为这样的学习能够使他们更积极、更有动力。

社交类移动商务涉及的领域越来越广泛。从近几年的 WeMedia 移动风云榜的发布榜单来看,上榜的品牌有我们熟悉的诸如:微医 APP、携程旅行手机客户端、苏定易购、唯品会、车车车险,还有更多新开拓的品牌,如:连咖啡·Coffee Box;品牌 VR 体验店超级队长;中国最大的职场实名社交平台脉脉;新品发现、试用及导购平台极果等。众多互联网企业在移动社交领域的深耕,与用户不断变化的需求、行为和特征相耦合,共同深刻地影响着中国移动社交的发展。

思考与练习

1. 什么是社交类移动商务?它所涉及了领域有哪些?
2. 移动医疗的特色服务是什么?
3. 移动学习的内涵是什么?

第七章

交通类移动商务应用

【学习目标与要求】
　　了解交通类移动商务的发展状况，了解基于移动互联网的智能交通信息服务系统构成，能用手机查看道路信息、动态路况播报、停车场空位提醒、交通服务信息查询、公交站台服务系统、公交信息服务系统；熟悉"12306"等相关网站的订票流程，能通过手机购买车票。

【学习重点】
　　交通类移动商务发展现状、智能交通信息服务系统架构及功能、12306购票系统功能。

【学习难点】
　　智能交通信息服务系统功能的应用、12306购票系统的应用。

第一节　交通类移动商务的发展现状

　　移动互联网技术的迅猛发展，正在深刻地影响着交通运输行业，既冲击和改变了传统的交通运输服务方式，引发了一些新的矛盾和问题，又对交通运输行业的转型升级、提升服务水平和监管能力，加快实现现代化注入了强大的动力，带来了前所未有的机遇。

　　交通运输业借助互联网、云计算、大数据、物联网等先进的技术和理念，以信息平台建设为抓手，以资源整合和开放共享为重点，推进智慧交通运输服务加快发展，重点解决乘客、货物、运输工具、掌上枢纽、运输从业人员等运输活动各要素之间在移动过程当中高效的互联和最佳的匹配，更好地满足社会便捷出行和各种运输服务需求，同时也能有效解决交通拥堵、交通事故、车辆停放等难题，是推行交通运输、结构调整、转变发展方式的强大动力，是提升运输服务水平的重要手段。

　　目前移动互联网技术与交通运输业相结合主要在以下领域进行。

一、智慧停车

　　当前，"停车难、乱停车"严重影响了城市环境与交通秩序。随着"互联网＋"的兴起，"互联网＋停车"的深度融合，以智慧停车场、停车APP等为代表的"互联网＋停车"新业态迅速发展。目前我国传统停车行业主要存在4大问题：总量缺口大、结构较分散、管理散乱和智能化水平低。这直接导致了停车需求端一位难求、停车体验差，停车供给端空置率高、管理成本高等诸多问题。

　　"互联网＋停车"通过互联网把分散的停车场连接起来，破除信息孤岛，实现有限停车资源的优化配置。"互联网＋停车"市场在共享经济、资本涌入、政策利好三大驱动力下，各种停车 APP 涌现，据不完全统计目前全国停车 APP 远超 100 个。

目前主要有 4 种类型的"互联网＋停车"软件供应商：

(1) 创业型公司。"互联网＋停车"风起，大量创业型公司涌入，如停车百事通、ETCP、丁丁停车、e 代泊等。

(2) 智能停车设备商。智能停车设备商乘"互联网"的东风，从单纯的智能停车软硬件提供商向"智能停车设备云平台 APP"全套解决方案提供商转型升级，具备软硬件技术优势，同时沉淀下来的停车场客户构成资源优势，如无忧停车、捷顺科技（捷停车）、安居宝、立方控股（行呗）等。

(3) 市政交管部门。市政交管部门掌握路侧停车位及路外公共停车场，具有资源优势，同时财政雄厚，整合能力强，如深圳市道路交通管理事务中心（宜停车）、上海市交通委（上海停车）。

(4) 互联网三巨头 BAT（百度、阿里巴巴、腾讯）。BAT 在"互联网＋停车"还是轻度参与。腾讯以"微信公众号微信支付"、百度以"百度地图百度钱包"、阿里以"支付宝高德地图立方控股"切入"互联网＋停车"，主要是以地图、支付应用和流量入口应用对停车 APP 进行整合、嵌入。

二、智能公交

作为智能交通的主要细分领域之一，智能公交一直是行业内关注的焦点。智能公交市场在逐年递增，受到了政府和企业的高度关注。2015—2016 年是投资的高峰期，也将是智能公交市场的快速发展期。国内各地都在争先创建"公交都市"，大力提倡绿色公交、节能减排。

放眼于整个移动互联网背景下，众多电信运营商、Wi-Fi 服务商均在围绕着公交查询、实时公交等用户需求逐点布局；互联网三巨头 BAT（百度、阿里巴巴、腾讯）各自的地图产品也涵盖类似公交线路查询、实时公交的功能。"公交都市""互联网＋"等概念兴起，智能公交在新常态下呈现出了一定的新趋势和新特点，公交智能化迎来了新的历史时期。

目前移动技术在公共交通领域的应用主要体现在两个方面。

1. 智能公交电子站牌

智能公交电子站牌是采用全球卫星定位导航技术（GPS）、先进的通讯方式、地理信息系统技术（GIS-T）、先进的视频传输技术以及智能传感器有机结合的新一代应用系统。它可以充分利用目前公交智能调度管理系统的公交车辆 GPS 到站数据，通过技术对接，建立公交车到站预报系统。项目建设完成后，系统将覆盖大部分公交站点，并发布所有经过线路公交车辆的实时到站信息，可以为候车乘客提供实时准确的车辆到站预报。

智能公交电子站牌解决了以往乘客等待公交车时的盲目与无聊，它不仅可以直观告诉乘客等候的公交车离本站还有多远，还可以提供实时文字或视频节目供等候乘客观看，如天气预报、公交改道信息、公交政策等。由于城市公共交通系统在社会公共生活和日常出行中占主导地位，因此公共交通系统正在往智能化、人性化方面发展，所以智能公交电子站牌的建设即是一个"智慧城市"的一个重要举措。

2. 手机公交软件

手机公交软件是一个将公交信息资源整合（如线路、GPRS 信息等），通过技术研发，应用在手机终端的产品，是建立在公交线路信息和 GPS 智能调度信息基础上的一项增值业务。产品也已经陆续覆盖安卓、iOS、JAVA 等各手机操作系统。简单点来说，用户通过下载手机公交 APP，能够实时了解公交车的行驶过程，公交车具体到哪一站了。通过界面一目了然，从而为上车时间做准备，这当然也是基于公交车上的 GPRS 获取的精准定位，除此之外用户也能够查询公交线路、换乘规划等，非常方便。

目前手机公交软件非常多，最常见的有"掌上公交""车来了""熊猫公交"等。

三、手机打车

手机打车软件是顺应移动互联网时代指尖消费的需求，打造智慧运输服务系统，使社会公众出行更加便捷而出现的。它可以推动拼车、顺风车等新型的服务方式的发展，推出网络预约出租车、专车等新型的服务方式，可以减少乘客打车的等待时间，减少原有出租汽车的空驶里程，减轻驾驶员的工作时间和劳动强度，缓解城市的交通拥堵，对传统出租车市场和出行模式带来颠覆性变革。以下为 2018 年国内打车软件排行情况。

1. 滴滴出行

滴滴出行是全球化的一站式综合移动出行平台，为超过 4.5 亿用户提供出租车、专车、快车、顺风车、豪华车、公交、小巴、代驾、租车、企业级、共享单车等全面的出行服务。滴滴日订单已达约 2500 万，同时滴滴还以人工智能技术支持城市建立智慧交通解决方案。"滴滴出行" APP 改变了传统打车方式，建立培养出大移动互联网时代下引领的用户现代化出行方式。从打车初始阶段到下车使用线上支付车费，画出一个乘客与司机紧密相连的 O2O 完美闭环。

2. Uber 优步

Uber 中文译作"优步"，是一家美国科技公司。目前已经进入中国 60 余座城市，并在全球范围内覆盖了 70 多个国家的 400 余座城市。Uber 对自己的定位不仅仅是一款打车应用，而是"为乘客提供一种高端和更私人的出行方案"。

3. 神州专车

神州专车是国内领先的租车连锁企业神州租车联合第三方公司优车科技推出的互联网出行品牌。2015 年 1 月 28 日，神州专车在全国 60 大城市同步上线，利用移动互联网及大数据技术为客户提供"随时随地，专人专车"的全新专车体验。神州专车采用"专业车辆，专业司机"的 B2C 运营模式，车辆均为来自神州租车的正规租赁车辆，并和专业的驾驶员服务公司合作，再加上百万安全保障，为每位乘客提供安全、舒适、便捷、贴心的出行体验。

4. 嘀嗒出行

嘀嗒出行隶属于北京畅行信息技术有限公司，前身为嘀嗒拼车，随后品牌升级为"嘀嗒出行"，并开始启用全新品牌标识和 VI 体系。截止到目前，嘀嗒出行平台已拥有超过8000 万用户、1250 万车主。提供出租车、顺风车出行服务。嘀嗒出行用户量多，宣传力度也很大，覆盖的城市也很多。主要针对上下班的顺路拼车人群。主推社交型拼车，可以一起约定顺路拼车去旅游,让出行变得愉悦和有趣。

5. 曹操专车

曹操专车是吉利集团战略投资的互联网＋新能源出行服务平台,致力于成为"互联网＋出行"领域,首个建立新能源汽车出行服务标准的专车品牌。集合了新能源专车出行、新能源汽车分时租赁等服务,为用户提供安全、便捷、低碳、高品质的一站式出行解决方案。自成立之初即定位于高品质服务的专车平台,致力于为注重品质与便捷的目标客群带来知情守礼、细致贴心的专车服务体验,是值得信赖的专车出行伙伴。

6. 易到用车

易到用车是最具创新商业价值的汽车共享互联网预定车效劳渠道,是我国第一家专业供给专乘约租车效劳的电子商务网站。于2016年5月创建,总部设立于我国北京。易到用车网服务已经覆盖北京、上海、广州、深圳等74座城市,更多城市服务也在陆续开通中。

7. 天天用车

天天用车团队隶属于北京天和亿科技有限公司,成立于2014年。天天用车在国内首创了顺风车模式,作为唯一强调社交属性的顺风车软件,天天用车成为共享经济在中国的第一个成功实践者。2015年10月,天天正式宣布再度出发,进军新领域,拓展新业务。把原有的顺风车业务重新整合,创新性地上线了车管家服务,以顺应广大车主用户用车养车的日常需求,带来全业务线的发展。

8. 一嗨租车

一嗨租车创立于2006年1月,主要为个人和企业用户提供综合租车服务,是中国首家实现全程电子商务化管理的汽车租赁企业。公司总部位于上海,在全国300多座城市开设了4000多个服务网点,现拥有200多种车型,服务范围覆盖全国。一嗨租车已成为众多世界500强企业在华指定的商务用车服务公司,客户涵盖能源、教育、广告、金融、制造等领域。同时,一嗨租车在全国范围内提供的自驾和预约租车服务,也成为都市白领、商务人士出行的全新首选。

9. 瑞卡租车

瑞卡便利租车为广州瑞致租车有限公司旗下品牌,创立于2009年6月,总部位于广州,2016年,瑞卡与大型国有企业首汽租赁达成战略合作,并将首汽租赁全国短租自驾业务交瑞卡经营管理。双方在品牌管理、客源共享及车队协同、发展策略等多领域开展深度合作,强势启动全新的联合市场拓展,目前业务已覆盖全国31个省(自治区、直辖市),70多个城市,1000多个门店与便捷点。

10. 悟空租车

悟空租车是一家基于移动互联网的B2P全时共享租车平台,提供时租、短租、长租等多样化的出行服务。公司成立于2014年8月,由四位来自汽车及互联网行业资深高管、北大/清华校友在北京联合创立。悟空致力于打造全流程移动互联租车体验、7×24小时自助取还车的极致便捷租车服务。截止到目前,悟空租车覆盖全国200多个城市,2000多个网点,20000多辆车,全国品牌形象店超100个,累计用户近百万,已经进入租车服务的全国TOP3阵营,城市覆盖及车队规模位居行业前三。

四、掌上票务服务

移动互联网技术与交通业结合的一个最典型的应用就是掌上购票软件的出现。通过在手机上安装一个客户端，我们可以随时随地在网上查询车次、余票情况，预订汽车、火车、飞机票，或者退票、改签，解除排除购票之苦，方便快捷。

常见的掌上购票服务软件有铁路 12306 购票系统、12308 全国汽车票、航班管家、高铁管家等。一些旅游类 APP 如同程、携程都可能提供掌上购票服务。

五、智能交通信息服务

随着我国经济的持续发展，城市机动车保有量的持续飞速增长，给原本趋于饱和的城市交通带来更大压力，为解决城市交通拥堵问题，各级政府大力提倡智能交通建设，加强基础设施建设，进行智能公交、智能停车场、交通流量采集监控、城市导航等建设，将先进的信息技术、数据通讯传输技术、电子控制技术以及计算机处理技术等有效地运用于城市交通建设中，对属于城市管理部门的多个信息资源进行整合，建立横向联系，畅通信息渠道。

车联网就是一款提供智能交通信息服务的软件。基于移动互联网的车联网，可以提供实时的道路交通状况和道路的拥堵状况，为社会公众提供更加精准的出行服务和导航服务，构建汽车电子健康档案和汽车维修配件的追溯信息系统，提高汽车维修的额透明度，使车主明明白白消费，切实提高汽车维修质量，杜绝假冒伪劣配件和过度消费欺诈坑骗消费者的行为，建立汽车维修的救援系统，为广大车主自驾出行提供服务保障，加快驾驶员培训，使驾驶学员根据自身情况自主选择驾驶培训学校、教练员和学习的实现。常见的车联网 APP 有腾讯车联、天地车盟车联网和车智达等。

第二节　智能交通信息服务系统的应用

下面我们以联大通信技术有限公司的智能交通信息服务系统为例，来详细地介绍该系统构造及其应用。

一、系统简介

联大通信技术有限公司的智能交通信息服务系统，是在无线视频监控系统的基础上，把道路视频资源与公众交通出行需求相结合，为手机用户提供实时、准确、直观的道路交通信息服务。作为一种移动互联网增值业务，系统将向手机业务订购者提供城市交通路线导航、路线沿途停车场泊位信息查询、实时路况信息查询、公交地铁线路以及公交地铁实时到站信息查询等功能。该系统是面向全体社会人员的一个公众性服务系统，其基础主要包括城市交通信息服务系统和政府、行业及电信资源，依据交通信息服务基础的优势，提供精准、实时、动态、主动的交通信息服务，同时，结合媒体，融入商业信息和移动互联网模式，形成媒体化经营，打造一个方便、快捷的公众交通信息服务平台（图 7-1）。

二、系统架构

智能交通信息服务系统分为智能交通信息服务系统手机客户端软件和后台业务系统两大部分。按照信息获取的方式、传递及使用情况，可以把后台业务系统划分为 3 个层次：

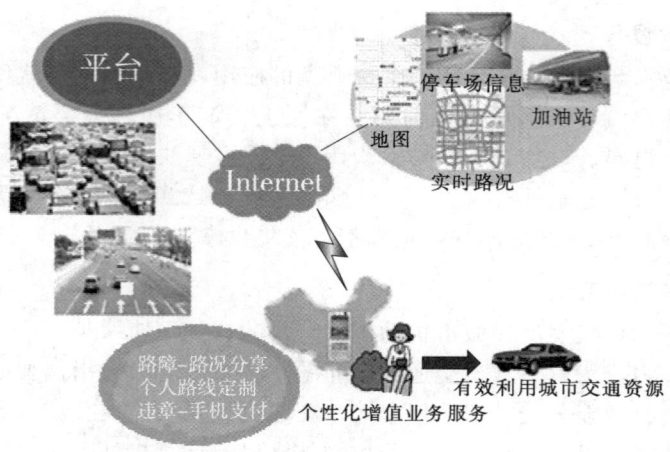

图 7-1 系统演示

基础层、共享信息层和服务层。在指挥中心建设一个综合信息服务平台,整合集成各个子系统（图 7-2）。

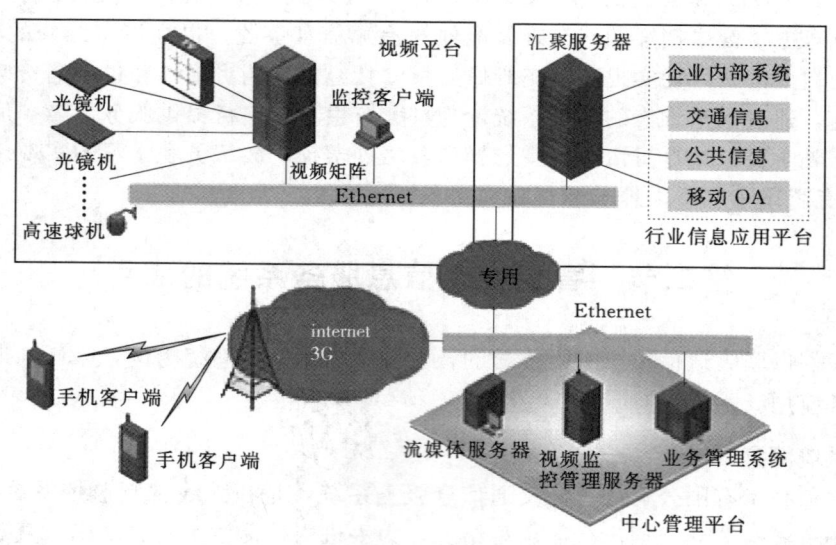

图 7-2 系统架构

（一）基础层

基础层主要包括各种交通信息的获取和传递、信号控制、运行车辆管理、电子收费、紧急事件处理、交通信息管理与发布系统、车载导航定位系统等,为出行者选择出行方案提供有效的帮助。交通信息管理与发布系统通过地理信息系统对动态交通信息进行采集、传输和处理,为商业运输企业、政府机构和普通公众提供实时的、预测性的交通信息服务（图 7-3）。

（二）共享信息层

共享信息层是指由功能层各部件综合集成所构成的城市智能交通综合信息服务平台,

第二节 智能交通信息服务系统的应用

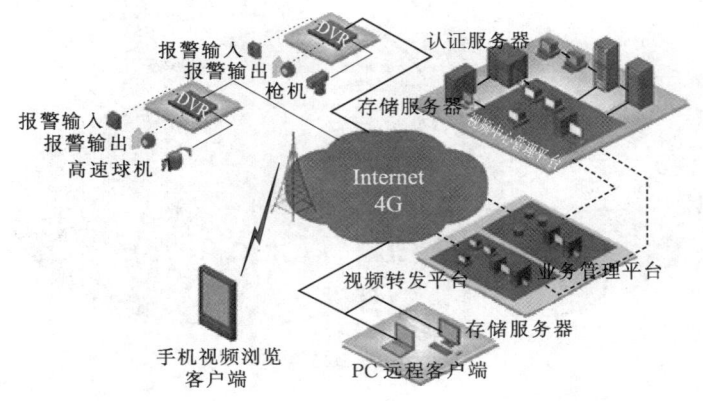

图7-3 基础层

它将从基础层采集到的各种交通信息进行融合分析与加工处理，为上层各种服务所共享，并为交警、交通、公安等系统的跨系统联动提供依据。共享信息层主要是以地理信息系统平台为支撑，为交通管制、设计交通运输方案、道路的规划与设计等提供有力的帮助（图7-4）。

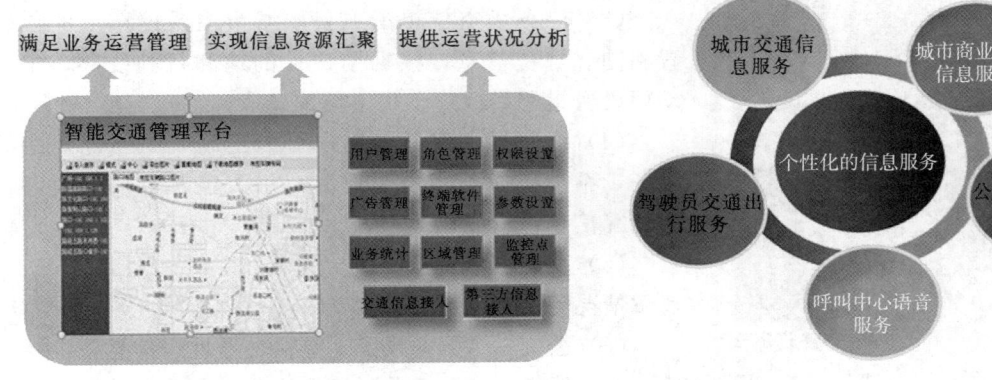

图7-4 共享信息层　　　　　　　　图7-5 服务层

（三）服务层

服务层是整个系统的最高层，是系统与出行者和交通管理者实现交互的接口。系统通过服务层为道路的控制设备提供控制方案，为出行者提供路况信息，为交通管理者分配管理任务。同时，服务层也负责从出行者和管理者接受信息，如交通事故的报警、交通管理者提供的路况信息等。另外，通过服务层还可以根据出行者提出的要求来提供最佳的出行方案，尽可能地保证道路畅通，提高整个交通系统的效率（图7-5）。

三、系统功能

手机用户可以通过访问智能交通信息服务系统客户端软件，查看整个城市的路况图片，查询城市主要路桥的实时路况、高速路事件信息、指定起始点间的最优行车路线和预测行车时间等，为广大用户提供更加丰富、全面的交通路况服务，充分满足客户的交通出行需求（图7-6）。

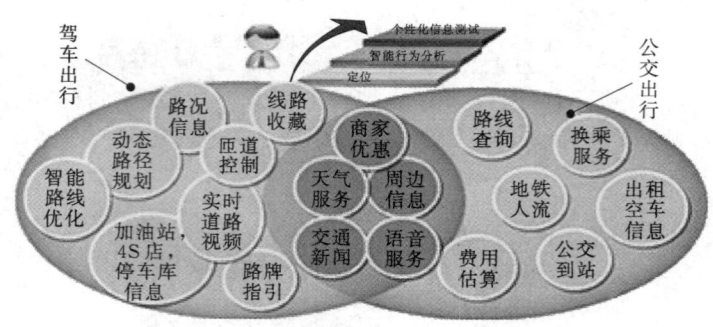

图 7-6 系统功能

智能交通信息服务系统手机客户端功能如下（图 7-7）：

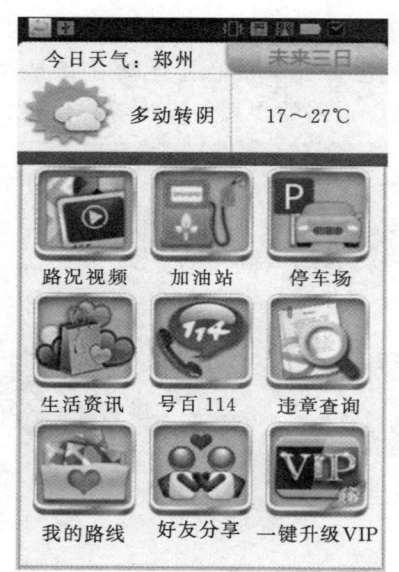

图 7-7 手机客户端界面

（1）道路信息查看。用户通过客户端预先或实时查看行驶路线的道路交通视频，随时了解道路交通信息。

（2）动态路况播报。通过 GPS＋基站＋Wi-Fi 进行用户定位，根据行驶路线主动对前方线路拥堵情况进行提醒，提供语音、文字、图像形式的拥堵信息播报。

（3）停车场空位提醒。获取城市主要停车场的位置和动态空位信息，根据用户目的地和行驶线路，主动用语音提醒目标停车场空位信息。

（4）线路提醒定制。用户可以定制线路路况提醒服务，系统根据用户定制情况，每天定时对选定线路的路况信息进行主动播报。

（5）交通服务信息查询。提供加油站、局部天气、违章情况等交通服务信息。

（6）公交站台服务系统。包括交通地理信息查询系统、电子站牌系统和候车基础设施等。电子站牌包括通讯接收模块和数据处理模块，通过无线或有线系统与监控调度中心连接，其基本功能是向乘客提供公交线路上公交车辆的运行状况。交通地理信息查询系统以交通 GIS 为基础平台，为出行者提供各种公共交通信息和服务信息，使乘客从等车到乘坐公交车抵达目的地的整个过程中均能获得所需要的信息，感受到人性化的信息服务。

（7）公交信息服务系统。主要包括三类交通信息服务：系统中公交车辆行驶状态信息（时间、地点以及行驶速度等）；公交车辆营运信息（不同发车间隔、沿途公交站点等车乘客的多少以及突发事件等）；相关道路系统和换乘系统的交通状况信息。公交信息服务系统能够在交通利用者需要信息的时间地点提供所需内容的信息，使公交利用者有足够的决策判断依据，如掌上公交 APP。

（8）停车诱导系统。为减少车辆不必要的绕行和无效行驶距离，避免因寻找停车场而导致的缓慢行驶和驾驶员注意力分散等，开发应用停车诱导系统非常必要。通常有两级停车诱导，一级诱导是大区域的停车诱导和信息服务，为交通出行者提供目的地区域的停车设施分布、距离远近和停车设施当前的利用状态信息，以便出行者选择交通方式和停车区域的决策判断；二级诱导是对具体停车设施的路径进行诱导以及提供停车设施当前的使用情况信息，便于利用者选择和顺利到达停车场。

随着信号检测技术、网络技术、通信技术、计算机技术的飞速发展，基于移动互联网的智能交通信息服务系统最终能向出行者提供实时的路况信息和最佳出行方案，使出行者更加方便快捷地到达目的地。它能使交通基础设施发挥出最大的效能，提高服务质量，使社会能够高效地使用交通设施和能源，从而获得巨大的社会经济效益。

第三节 铁路 12306 系统的应用

一、铁路 12306 系统简介

铁路 12306 是铁道部 12306 官方网站推出的手机端购票应用，用户可以进行实时购票，操作便捷。铁路 12306 手机客户端订票方式在操作上非常便捷、简单，支付方式也推出了支付宝支付方式。

二、铁路 12306 订票方法

12306 官方手机客户端的下载、安装方式非常简单，下载对应手机系统的"铁路 12306"软件，将软件安装到手机中。

将下载完成后的 12306 手机客户端打开并定位到"我的 12306"界面中，如图 7-8 所示。首次使用必须先注册。点击注册，进入图 7-9。按要求注册成功后即可登录 12306，如图 7-10 所示，输入用户名和密码后点击"登录"按钮即可登录成功。

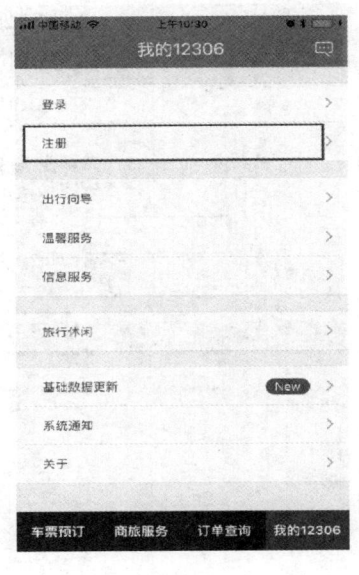

图 7-8 "我的 12306"界面

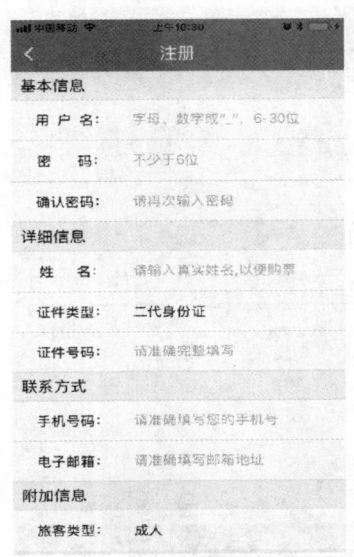

图 7-9 "注册"界面

（1）单击界面底部 Dock 栏处的"车票预订"（图 7-11），开始订购车票。输入出发地和目的地，并选择您的出发日期和席别。选择乘客类型（成人、学生），最后单击"查询"按钮查询余票情况。

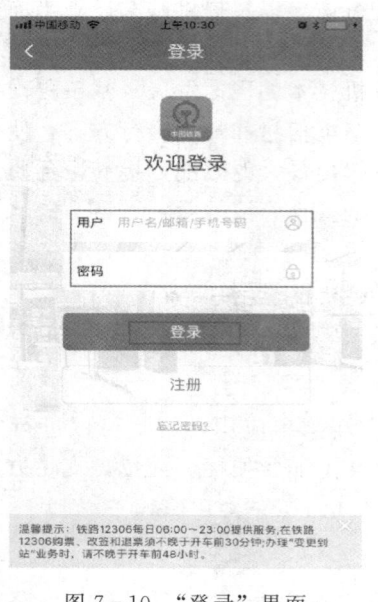

图7-10 "登录"界面

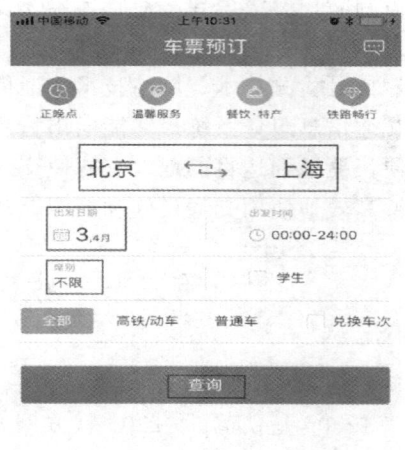

图7-11 "车票预订"界面

(2) 在查询结果中选择要乘坐的列车（图7-12）并在新界面中确认选择的席别（图7-13），然后单击"添加乘客"添加此列车的乘客（可多选）（图7-14），勾选联系人后单击右上角的"确认选择"按钮选择联系人。

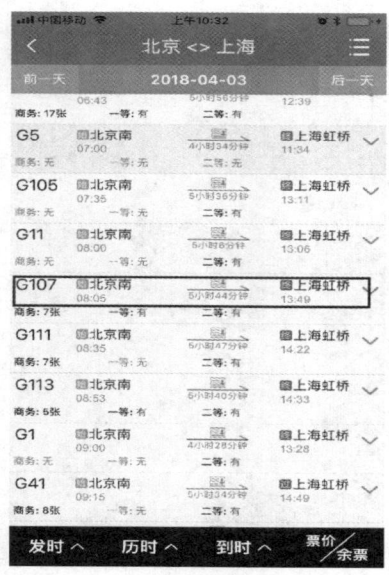

图7-12 选择要乘坐的列车

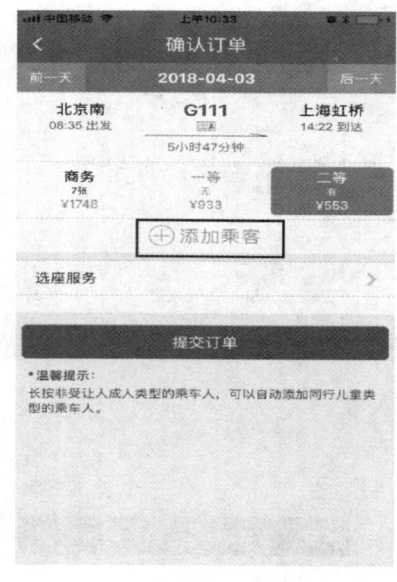

图7-13 选择席别

(3) 单击"提交订单"按钮（图7-15），进入"确认支付"界面后单击"立即支付"按钮（图7-16）。在支付方式界面选择支付方式，如支付宝或微信支付等。单击"提交

第三节 铁路 12306 系统的应用

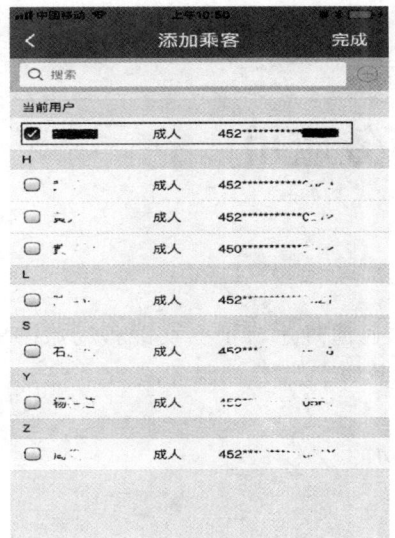

图 7-14 添加乘客

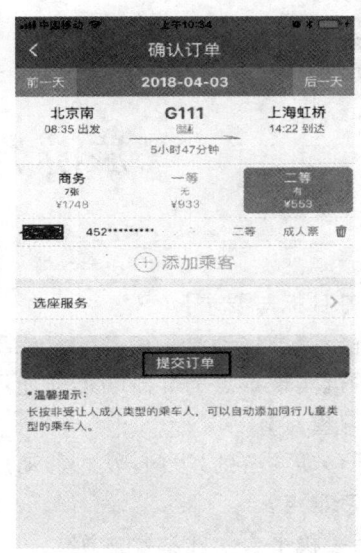

图 7-15 提交订单

支付"按钮（图 7-17）。

图 7-16 确认支付

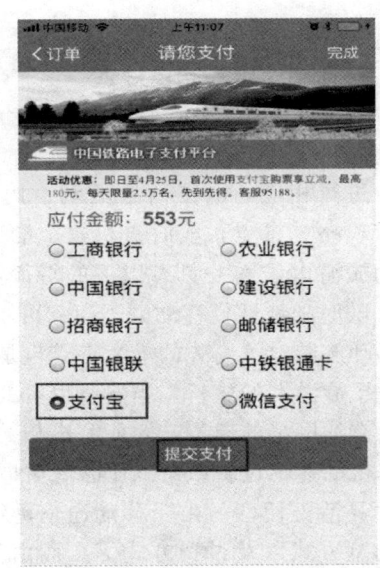

图 7-17 提交支付

（4）支付完成后即可购票成功，乘车前凭身份证到自动取票机或售票窗口取票即可。

思考与练习

1. 智能交通信息服务系统手机客户端有哪些功能？
2. 下载并安装 12306 手机客户端，并学会用手机购买火车票。

第八章

旅游类移动商务应用

【学习目标与要求】
　　了解旅游类移动电子商务的发展现状，掌握如何通过手机平台实践移动旅游的便利，能通过手机实现景点的导游功能；能用手机在旅游网站订购各种服务。
【学习重点】
　　中国移动旅游的发展现状、移动旅游 APP 的功能。
【学习难点】
　　利用手机平台实践移动旅游。

第一节　移动旅游电子商务的发展

一、移动旅游电子商务概述

随着智能终端、移动网络的高度发展，传统旅游行业与移动互联网产业的融合速度加快。移动旅游电子商务是指旅游消费者利用手机、平板电脑等移动终端设备与无线上网技术结合，进行相应的电子商务活动。用户只需动动手指，就可以随时把握最新的旅游资讯、旅游攻略、景点，实时查机票、酒店、订门票等服务。

移动旅游电子商务具有以下的特征：

（1）随时随地性。移动电子商务可以使消费者可以在很多场合下利用碎片时间完成交易活动而移动旅游电子商务的最大特点也是它随时随地可以进行交易。传统线上旅游商务已经大大方便了旅游者的旅行，当然它也有其局限性，即旅游者必须在固定的地点（比如家中或其他接入有线网络的地方）才能完成相关交易活动。而移动旅游电子商务使用的设备是可方便随身携带的迷你设备，所以旅游者可以随时随地地进行浏览网页、购买旅游产品等活动。

（2）灵活方便性。由于移动通信网络的特点，移动旅游电子商务用户可以根据需要灵活选择浏览方式以及付费方式等。而由于随时随地地特点，用户可以很方便地在需要时进行旅游电子商务交易，尤其是在紧急情况下，其便捷性更为突出。

（3）个性化。移动旅游电子商务的终端用户是持有手机或平板电脑等设备的旅游消费者，对于每个用户，都可以通过移动网络技术获得其具体的信息，较之于传统旅游电子商务来说，移动旅游电子商务有更好的可定位性，因此移动旅游服务商可以充分了解消费者的个性化需求，从而提供个性化的服务。

二、移动旅游电子商务发展现状

（一）用户基础广泛，发展潜力很大

我国工信部发布的 2017 年上半年通信行业的运营数据显示，目前我国手机上网用户数已经突破11亿。2015年中国移动互联网市场规模达到3776亿元人民币,同比增长76.9%,未来增速虽会下降,但依旧会保持高速增长,预计到2018年整体移动互联网市场规模将突破1万亿大关。

中国移动互联网呈现爆发式增长,带动了中国在线旅游移动端市场规模迅速扩大。据中国产业信息网发布的《2016—2022年中国在线旅游市场运行态势及投资战略研究报告》,2014年在线旅游移动端市场规模达到1247.3亿元人民币,2015年后增速将逐渐放缓,预计2017年达到3810.6亿元人民币。中国在线旅游移动端占比逼近PC端,2015年将超过PC端,达到64%,2017年移动端占比达到76%。移动设备在目前的旅行过程中是旅游者不可缺少的一部分,其使用频率越来越高。拥有如此大量的移动旅游用户,移动旅游电子商务的发展潜力很大。未来的旅游电子商务,得移动市场者才能得天下。

(二)国家政策支持,发展环境良好

国家对于旅游业的发展十分支持。"国家十三五规划纲要"明确提出要积极发展文化旅游,提升旅游的文化内涵。我国金融业也为旅游业提供经济和政策上的支持。在线旅游预订以及移动旅游电子商务都是旅游业的重要部分,是传统旅游市场的补充,因此良好的政策环境与支持为整个旅游业的快速发展提供支持,也为移动旅游电子商务提供相应的规划指导和正确的发展走向。

(三)电商企业加大投入,促进移动旅游电商发展

移动旅游电子商务市场不断扩大,所占份额也逐渐增多。移动旅游给企业提供了新的市场以及盈利空间。在线旅行企业纷纷加大对移动旅游的投入。从旅游电子商务宏观上来看,在线旅游企业的引领者们已经将重点放在移动领域。例如,携程旅行网宣布将从线上旅行代理商(OTA)向移动旅行代理商(MTA)转变;艺龙旅行网的酒店业务也将向移动酒店转化。从企业具体运营上,各在线旅游企业都开发了相应产品的APP,并且下载量十分可观。移动旅游市场潜力巨大,旅游企业的投入无疑会大大促进移动旅游电子商务的快速发展。

携程、去哪儿、同程、艺龙、途牛这几家国内在线旅游的老牌公司大家都耳熟能详,在移动互联网爆发之际相继向移动客户端发力,是目前较为有影响力的旅游APP客户端。虽然同为旅游公司,但他们之间的侧重还是有所不同,其中携程核心业务是机票、酒店、度假三大产品,强项在商旅市场;去哪儿则是在线旅游产品的搜索、比价服务,现今已经开始开拓酒店资源;途牛则是跟团游市场的领先者,出境游占据绝对优势;艺龙的酒店服务是最大优势;全国连锁式的休闲旅游服务则是同程的最大优势。

在线旅游网站中,携程与去哪儿拥有着很强的实力,是最早发力移动客户端的企业,正因为有足够的实力和网站业务经验做支撑,以及此前积累了大量的用户,在转移到移动端后两者一直处于领跑的位置。在保持在线旅游优势的同时,携程和去哪儿也是不断积极开拓,力求全面发展,通过不断开拓移动端新的服务,来不断提升用户体验。

主打休闲旅游的同程旅游和主打跟团旅游、出境游的途牛,在移动旅游发力相对较晚。为了能够抢夺市场资源,两者主要通过开展大力度的促销活动以及一些手机端专享活动来吸引用户,从而在下载量上得到快速提升。例如,同程在"双11"期间开启的

"All in"无线促销战略,即用户预订、抢购所有优惠产品需通过客户端完成;途牛推出了"1块去旅游"等促销活动。

到到无线和艺龙旅行则是两家主打酒店业务的公司。前者可提供全球190个国家酒店的比价、折扣和预订服务,此外还拥有景点和美食点评、旅游攻略;后者则除了拥有丰富的酒店资源、简单的预定流程之外,还推出新用户国内酒店首晚半价,以及老用户的酒店和火车票红包,颇受用户的欢迎。

除了这些传统的旅游APP之外,旅游的社交、游记类的APP也成了用户旅游出行的必备软件,在这其中面包旅行是最为成功的一家。面包旅行是一款记录旅行轨迹、图文并茂分享旅行见闻,并可以完整生成游记的一款旅行APP。

三、移动旅游APP介绍

在当今这个信息爆炸的时代,能在最短的时间内获得更多的信息资源是大众用户的刚性需求,移动旅游也不例外,并且对这些需求更加旺盛。对于普通用户来说,一款好用的旅行APP第一要素就是能够拥有更多的产品提供选择,用户可以在一个APP内就找到自己所有的需求,这也就是厂商向用户推出的"一站式"服务。

目前,市场中主流的旅行出行APP均采用了平台化的管理模式,如榜单中前十名的APP。这类APP包含了酒店、机票、火车票、旅游、门票、租车、美食、购物等服务一应俱全,旅游所涉及的吃、住、行、游、购、娱在这些APP中均可以找到。这样的服务方式大大节省了用户的时间成本,用户仅需利用碎片化的时间,动动手指就可以在移动端定制自己的旅游出行计划。

旅游业APP结构如图8-1所示。

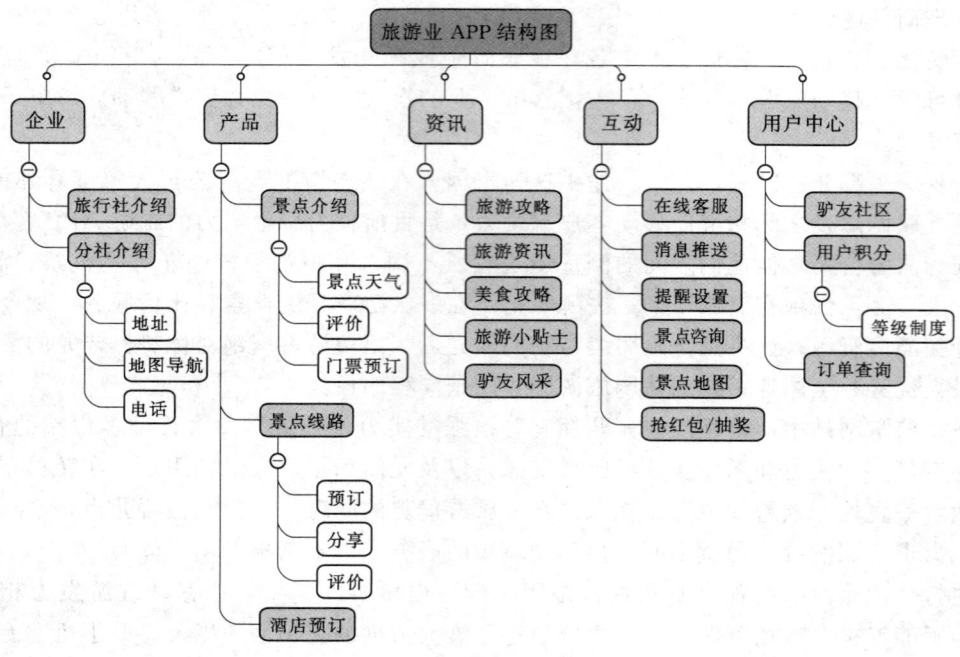

图8-1 旅游业APP结构

（一）景点介绍

介绍各景点的历史文化、景点亮点、景区的住宿、美食、娱乐等方面的详情内容。最后推荐旅最后推荐旅游线路，方便用户订购，如图 8-2 所示。

图 8-2 景点介绍

（二）景点线路

介绍景点的特色以及地点，并提供地图导航，还可以预订门票。可以根据用户需要提供合适的旅游线路，提供价格、攻略等内容，用户可在线预约，如图 8-3 所示。

（三）旅游攻略

每个用户出游前都会找攻略，特别是喜欢自驾游的，攻略能提供吃住行等方面的信息，是旅游最受欢迎的内容，如图 8-4 所示。

（四）在线预订

在线预订不仅可以预约旅游线路，同时也可以预订机票、景点门票、酒店等服务，如图 8-5 所示。支持网银支付、支付宝、微支付等。

（五）社交分享

游客可以通过 APP 分享他的旅游游记，与驴友一起分享他的所见所闻，如图 8-6 所示。也可以将他们的图片或游记分享到微博、微信。无形中也为企业宣传，带来新客户。

图 8-3 景点线路

第八章 旅游类移动商务应用

图 8-4 旅游攻略

图 8-5 在线预订

图 8-6 社交分享

（六）会员中心

游客可以通过第三方账号绑定登录，免去复杂的注册。第一次登录时提醒完善个人信息并可获得积分，积分可获得优惠。提高会员的参与感和归属感。会员可以查看他们的订单情况以及发表他们的游记，如图 8-7 所示。

图 8-7　会员中心　　　　　图 8-8　消息推送

（七）消息推送

企业可以通过 APP 的消息推送功能，推送最新的旅游资讯、优惠消息、旅游攻略、旅游贴士等消息，以及提前提醒用户旅游的天气、到达时间提醒等，提高用户体验，如图 8-8 所示。

（八）地图导航

地图导航包括两个方面：一是旅行社分店的地址导航；二是景点的导航。通过 LBS 定位技术，用户很容易找到最近的，最方便的线路，如图 8-9 所示。

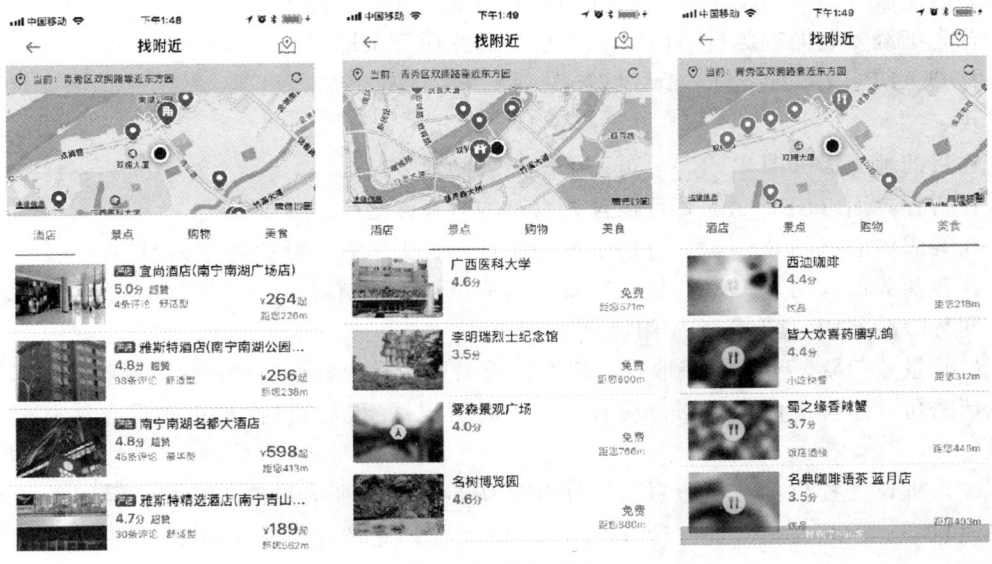

图 8-9　地图导航

第八章 旅游类移动商务应用

（九）后台管理

企业通过后台管理订单、发布资讯等，还可以获取到用户的浏览数据，可以分析出用户的行动习惯，对哪些是内容或线路是最感兴趣的，如图 8-10 所示。这样可以有针对性地对用户进行营销。

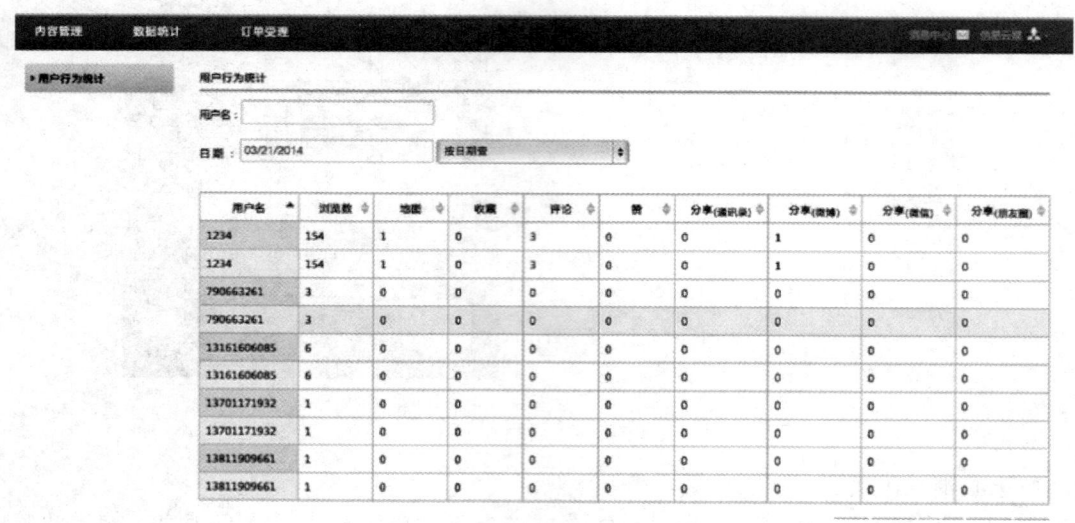

图 8-10 后台管理

第二节 同程旅行 APP 应用介绍

同程旅行是一款在手机上提供酒店预订、机票预订、独家预订、汽车票火车票预订以及旅游攻略服务的 APP。在此我们详细地介绍这款软件的使用。

首先下载安装同程旅行 APP，以手机号码注册登录即可。

打开 APP，在同程旅行首页（图 8-11）上，提供酒店、机票、旅游、金融理财 4 个大模块。

在目的地界面（图 8-12），可以了解想去的地方。

在行程界面（图 8-13），可以设置自己的行程计划。

在客服中心（图 8-14），可以了解关于订单、火车票、酒店等相关的热点问题。

在我的界面（图 8-15），可以查看你的钱包订单等情况。

同程旅游 APP 具有以下应用特色：

（1）景点门票。可免费获取景点门票；周周更新免费景点列表；快捷预订；订贵了还可申请赔付，赔付 2 倍差价；行程有变，随时可退；手机预订优惠更多；点评奖金 1 元提现。

（2）机票。提供接送机服务，不用排队等待；国内所有航线打折机票预订，快捷预订往返机票；航班动态实时查询；手机专享优惠；支持在线退款申请；并且实现微信支付。

第二节 同程旅行 APP 应用介绍

图 8-11 同程旅行首页

图 8-12 目的地界面

图 8-13 行程界面

图 8-14 客服中心

图 8-15 我的界面

（3）酒店。中国大陆及港澳 4 万余家酒店预订，海量酒店房型照片以及真实住客的点评；入住发点评赢奖金，手机预订返得更多。

（4）周边游。200 公里范围内美食、美景、住宿、购物、娱乐等。

（5）邮轮。提供皇家加勒比、歌诗达、丽星等全球知名邮轮公司邮轮预订，以及同程网邮轮独家包船预订。

129

(6) 出境游。提供全球热门目的地旅游团预订、半自助游预订；跟团自助游玩。

(7) 团购。提供全国特价酒店限时抢购。

(8) 扫一扫。扫描二维码，特价产品直接订购。

(9) 旅游攻略。国内外热门旅游目的地精品攻略、游记；同程网资深旅游编辑与近百位知名游记作家和千万"驴友"倾力打造的旅途感悟、目的地玩法、省钱妙招、消费陷阱提示等。

(10) 火车。支持在线退票和微信支付等多种支付方式；全国列车时刻、余票实时查询；查询中转汽车票信息；接火车服务等。

(11) 语音搜索。想找什么，无需打字，只要说一声就可以。

(12) 微社区。微社区新玩法，通过现场直播间，让消费者出去玩时，实时信息一手掌握；不出门时，可了解别人怎么玩。

(13) 汽车票。提供国内150多个城市汽车票查询和预订，不需要排队买车票，在线预订更便捷，在线支付，部分区域有立减优惠活动。

(14) 电影票。覆盖全国两千余家影院，支持在线选座，座位、场次随心选，多种支付方式，大批红包优惠，给顾客最酷炫的观影体验。

(15) 用车。提供国内城市的接送机和接送火车服务，自驾租车方便快捷，满足消费者周边游和异地用车需求。

最近10年，同程旅游以"休闲旅游第一名"为战略目标，积极探索线上线下和体验相结合的"新旅游"模式，在完善机票、火车票、酒店、金融等业务外，积极布局境外游、国内游、周边游等业务板块，目前在中国景点门票预订、邮轮等多个领域处于市场领先位置。

思考与练习

1. 移动旅游电子商务具有什么特征？
2. 旅游 APP 的功能主要有哪些方面？
3. 在手机上下载并安装同程旅行 APP，注册并学会应用。

第九章

影像新闻类移动商务应用

【学习目标与要求】
了解影像新闻类移动电子商务的概念、发展历程，影像新闻类的特征、优势，以及常用的影像新闻客户端。

【学习重点】
掌握影像新闻类移动商务应用的特征，合理规划影像新闻类移动商务应用的模块。

【学习难点】
影像新闻类移动商务应用的模块的规划及技术和软件应用。

第一节 影像新闻的发展

一、影像新闻概念

影像新闻指的是以影像作为表达形态的新闻报道，例如，以摄影影像、电影影像（早期的新闻电影）、电视影像、网络视频影像、手机影像、DV影像等进行新闻信息的传达。其中，电视新闻影像是最为常见的，属于传统的以影像传达新闻的一种形态（图9-1）。随着互联网时代的发展，人们通过网络视频获得新闻已成为一种较为普遍的生活方式，但迄今为止，网络视频中的新闻影像仍然主要来自电视新闻影像和个人发布的新闻影像。

图9-1 传统的电视影像新闻

二、影像新闻的发展历程

说到影像新闻的发展，就不得不提到摄影技术的发展。摄影技术的发展，直接影响了新闻传播的质量和效率。摄影技术诞生于1839年8月19日。时至今日，人类社会生活的各个方面都在利用摄影手段。从科技到文化，从政治、军事、经济、艺术到人类日常生活，摄影的作用无处不在。

19世纪，照相机传入中国，得到清王朝皇亲国戚的青睐，并逐步在香港、广东等东南沿海城市得到推广。在数码技术还未应用到新闻摄影事业上的时代，摄影记者的工作状态、图像的编辑和图像新闻的播发都在一定程度上受制于传统的摄影技术。到了20世纪

90年代初期，中国国内报刊上开始出现摄影图片，但是传统的传媒行业采用组照或图片故事还仅局限于画报类的小杂志，由于传统传媒行业整体存在工作成本较高，前期图片拍摄成功率低，发稿速度较慢，图片后期处理难度较大等缺陷。所以报纸刊登的新闻组照也仅局限于开辟个栏，登个3、4张照片。

20世纪90年代后期，数码技术发展快速，到21世纪初期已经逐步发展产生了影像技术。数码技术的不断发展进步使得影像的产生方式、传播特点和影像的品质特征都迥异于传统摄影。数码摄影为新闻摄影工作带来了极大的便利。同时互联网全球性的传输，为信息的传播，图片的展示提供了广阔的天地，大大地提高了新闻摄影报道的时效性。在我国报界，"图文并重、两翼齐飞"的办报指导方针已经深入人心，"幅大量多"的图片刊用原则也已确立。数码技术使得其他视觉传媒，如电视和互联网上的现场直播影像传播的效果如虎添翼。

数码影像技术与其他电子产品组合成具有记录存储影像功能的设备，以至于手机摄影图片借助互联网传输技术已经能够在新闻传播中使用，使得影像新闻报道形式多元化。这样一来，影像在传播形象新闻方面就有了更广阔的空间和更多样化的形式。

三、案例

中央电视台是当今中国最具竞争力的主流媒体之一，央视新闻APP（图9-2）是全国公众获取新闻资讯的主要渠道，也是中国了解世界、世界了解中国的重要窗口，在国际上的影响正日益增强。央视新闻APP在中国影响力大，世界上观众多，也是中国官方推出的带有浓厚政治色彩的新闻影像APP。

图9-2 央视新闻APP

央视新闻APP的王牌栏目有新闻联播、焦点访谈、朝闻天下、新闻周刊等（图9-3），人们可以快速获取各种新闻资讯，观看新闻联播和直播。央视新闻APP完全免费，没有任何广告，不收取任何费用。央视新闻是全中国的网友们了解世界各地最新新闻动态最快捷的来源之一，央视新闻APP主要内容源自世界各地。

在数码摄影技术与互联网技术支持下，现代媒体以文字、图片、音频、视频等多种手段传递新闻信息，兼具了传统纸质媒体的信息传递手段，是传统纸质媒体在影像时代的延伸、融合与发展。影像新闻传播技术手段、传播渠道、消息来源可能与传统纸质媒体相比有所不同，但无论是传统纸质媒体的新闻传播活动，还是影像新闻传播活动，其最终目的都是要为社会公众提供新闻信息，正确引导社

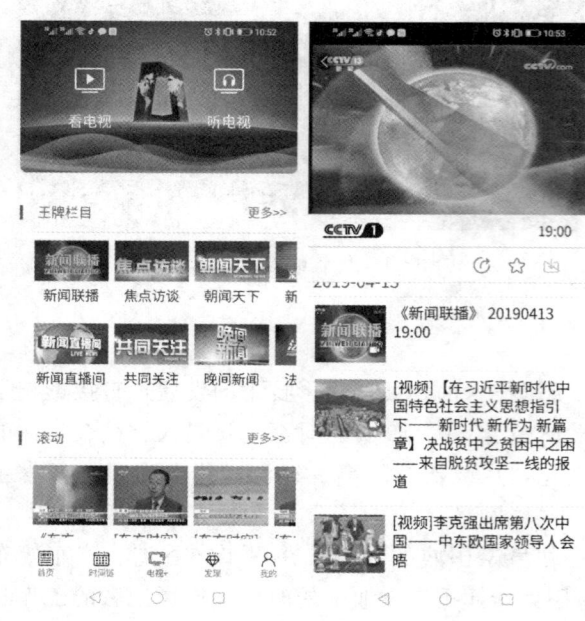

图9-3 央视新闻王牌节目

第二节 影像新闻类移动商务应用的优势

舆论，促进民主政治，构建和谐社会。

一、影像新闻的特征

国家批准一些商业网站如新浪、搜狐、网易等门户网站可以从事登载新闻和转发图片的业务。但只允许其转载传统纸质媒体或经国家批准建立的其他新闻网站的新闻，不得自行采写新闻。

（1）多元化的传播模式。同传统纸质媒体相比，现代媒体最大的特点就在于突破了点对面的单一传播模式——大众传播，网络论坛（BBS）、聊天室（Chat Room）、数字电视直播互动、电子邮箱（E-Mail）等形式，让通过现代网络技术进行的人际传播和组织传播异常活跃和发达。每一个进入网络论坛、聊天室或电视直播节目互动的用户，都可以就社会生活中的热点问题或者自己感兴趣的问题与其他人交流信息、传递信息、交换意见。

（2）泛化的影像新闻传播行为主体。这里，每一个人不分年龄、性别、职业、身份、地位，随时随地都可能成为影像新闻的传播者或接受者，或同时扮演这两种角色或在两种角色之间随时转换，传统纸质媒体新闻传播中传播者与接受者角色相对固定的局面被彻底颠覆。从这个意义上讲影像新闻传播行为主体是泛化的。

二、影像新闻 APP 的优势

新闻影像的共时性再现与描写大大提升了新闻的时效性与真实感。概括地讲，新闻影像的基本社会功能与存在价值主要是在于通过形象逼真的新闻信息传播，消除环境变化的不确定性，帮助社会成员采取环境适应行为。在移动互联网市场，移动互联网比传统互联网能做的事情肯定更多。除了影像新闻 APP 的开发费用比电视、报纸、网络广告都要低很多外，还有以下优势：

（1）精准性。多数 APP 都会提供分享到微博、人人等社交网站的功能，聚集具有相似兴趣的目标群体。同时，APP 还可以通过收集手机系统的信息、位置信息、行为信息等，来识别用户的兴趣、习惯。可以通过识别用户常看的页面，分析其行为习惯，再推送企业的推广信息。

（2）互动性。APP 提供了比以往的媒介更丰富多彩的表现形式。移动设备的触摸屏就有很好的操作体验，文字、图画、视频等一应俱全，实现了前所未有的互动体验。而且，APP 还打开了人与人的互动通道，通过在内部嵌入 SNS 平台，使正在使用同一个 APP 的用户可以相互交流心得，在用户的互动和口碑传播中，提升用户的品牌忠诚度。

（3）创意性。APP 是一种新的工具、新的媒体、新的呈现方式，那么就不应该用传统互联网的思维来搭建，而应该多一点软件的思维，更多用户体验，软件流程的考量，甚至是更多结合手机或者平板的特性（照相、LBS、感应器等），这是创新创意的思维，也是 APP 上市后得以吸引用户及媒体关注的主因。APP 在品牌企业手里，可以是产品手册，可以是电子体验，可以是社交分享，可以是公关活动……几乎可以把整个营销流程武装一遍。APP 营销的所有这些优势其实都基于一个前提——设计和创意。只有设计出用户真正喜欢的 APP，有让他们惊讶的创意，他们才会不断点阅。

（4）超强的用户黏性。现代人无论去哪都是手机不离身，一有空当就会把手机拿出来玩。APP 营销抢占的就是用户的这种零散时间。目前的 APP 还处于在很早期的阶段，再加上多数 APP 本身有些生命周期的特性，因此 APP 这件事虽然看起来简单、进入门槛不高，但实际业务上，可能没有那么容易。

三、常用的新闻客户端

新闻影像指的是以影像作为表达形态的新闻报道，作为一种视觉新闻，以摄影影像、电影影像（早期的新闻电影）、电视影像、网络视频影像、手机影像、DV 影像等进行新闻信息的传达。

图 9-4 代表性的新闻客户端

移动电子商务将带来一系列娱乐服务。用户不仅可以从他们的移动设备上收听音乐，还可以订购、下载或支付特定的曲目，并且可以在网上与朋友们玩交互式游戏，还可以游戏付费，并进行快速的、安全的博彩和游戏。新闻客户端在互相竞争。其实，市面上的诸多新闻类 APP 虽然都叫新闻客户端，但彼此之间差异不小，有时候甚至是橘子和苹果的区别。图 9-4 中的几款大约可以算是比较有代表性的新闻客户端，但它们属于不同的类别。

南方周末（图 9-5）是中国最早在 IOS 上开发客户端的传统媒体，凭借先发优势和品牌效应，也算是积累了不少用户。但是和几乎所有传统媒体的客户端一样，它基本上只是把报纸上的内容搬到了手机上，并没有什么新的特色。南方周末的报纸内容是优质的，所以它的客户端有信心自称"资讯圈的法式料理"。但即便是这样的"法式料理"，由于内容体量非常有限，也越来越在手机读者中失去吸引力，可谓落寞的旧贵族，只能依靠曾经积累下的忠实用户来维持。

腾讯、网易、搜狐这三个客户端，都来自传统的门户网站，还包括新浪和凤凰两个客户端。这个类别的客户端，基本特色是将门户网站的内容移植到 APP 中。门户网站的基本模式是，自己基本不生产新闻，而是从各媒体获取文章，海量刊载，并由编辑选择重点进行推荐。如果说南方周末是"法式料理"，那么门户类的 APP 大概算是"食品超市"吧，四处搜罗进货，以丰富的食品类别取胜。当然不同的超市之间也还是有区别的。不同门户 APP 的区别主要体现在编辑方针、口味不同。其次，在评论、娱乐、体育、影像等方面，不少门户网站也在制作自己的原创内容，就好像各超市也会自己少量生产一些的产品。这些内容质量的优劣也成为区分此类客户端高下的重要标准。图 9-6 所示的"中国人的一天"就是腾讯的品牌栏目之一，用影像记录普通中国人的生活，很能打动人，迄今以出品两千多期。

第二节　影像新闻类移动商务应用的优势

图9-5　南方周末

图9-6　"中国人的一天"

今日头条、一点资讯（图9-7）、天天快报、Zaker则属于另一个阵营。它们不做原创，内容是来自各媒体的海量转载。有别于门户客户端的是，它们更强调兴趣和算法。也就是说，这类客户端更多不是依靠编辑来决定你看什么，你的屏幕上显示什么是由你自己的兴趣决定的，而你的兴趣则是机器通过你的阅读行为学习到的。继续用食品的比喻，这些客户端是"进阶版的食品超市"，它们会针对每个人的兴趣，来定制进货渠道和货架摆放方式。

这种模式融入了时下流行的"大数据""机器学习"等元素，听起来当然是更酷，能拥有专属定制版超市货架的感觉也很好。但是它们也蕴含了风险：其一，这种模式有可能使得你的视野越来越窄，如果总是吃自己喜欢的几种菜，你的营养很可能会不均衡，而相对来说门户网站编辑提供的食谱会更加多元丰富；其二，今日头条等客户端的

图9-7　一点资讯

自动推荐体系会导致三俗内容泛滥，有深度有质量的好内容难以脱颖而出。

四、影视新闻移动商务的特点

1. 特点

随着4G时代的发展，宽带传输、手持终端、移动视频等新的表现形式越来越丰富多彩。影像新闻移动商务已经构成互联网时代的重要组成部分。以影视新闻资讯为代表的移动娱乐业务能够为运营商、服务提供商和内容提供商带来附加业务收入，它将是运营商可提供的又一项有特色的移动增值业务。

（1）无时间限制，用户可以将影像新闻资料下载到移动设备中，随身携带，可以随时随地观看，或者只要有移动设备，就可以任何时间回看。

（2）资源丰富，无地域限制。影像新闻资源来源于互联网，人们可以通过互联网收索来自全球各地区的影像新闻资源。

（3）费用低廉。一般只需要花费流量就可以观看，大多数情况下会在有 Wi-Fi 的条件下观看使用。

（4）互动性强，影响新闻可以通过网上留言，发弹幕等方式与观众进行实时交流互动。

移动视频业务是通过移动通信网络和移动终端为移动用户提供视频内容的新型通信服务，它的主要特征在于传递的内容是比文本、语音更加高级的视频图像并可以伴有音频信息。

2. 移动视频服务的发展现状

移动终端和网络技术的不断发展，为移动视频业务的出现和推广提供了必要的条件。市场需求和技术进步共同推动移动视频业务的发展，并使移动视频业务成为了移动运营商、设备制造商和内容提供关注的焦点之一。目前，移动视频业务已经在很多国家和地区得到推广，并在某些国家得到了很好的发展。

3. 用户体验

移动影视新闻视频的实现方式：

（1）蜂窝移动网络实现，如美国 Sprint、中国移动和中国联通公司已经利用这种方式推出手机电视业务。

（2）利用卫星广播的方式，韩国和中国的中广卫星移动广播有限公司已采用这种方式。

（3）在手机中安装电视接收模块，直接接收数字电视信号。

现在人们常用点播或者下载的方式收看新闻影视资讯。良好且稳定的移动通信技术，有利于影像新闻类移动商务的发展，信息覆盖面大，灵活多变；充分展现了新闻资讯类"短、频、快"的新闻传播优势。

思考与练习

1. 什么是影像新闻类移动商务应用？
2. 影像新闻类移动商务应用的特征是什么？
3. 常用的影像新闻类移动商务应用 APP 有哪些？

第十章 企业移动商务应用

【学习目标与要求】
掌握企业移动商务应用的概念和典型应用类型。
【学习重点】
企业移动商务应用的类型。
【学习难点】
企业移动商务应用的类型。

第一节 企业移动商务应用概述

移动电子商务是近年来新型商务模式之一。较之传统电子商务,移动电子商务具备不受固定地域限制的特征。企业转型或跨越移动电子商务也因此成为企业发展的战略之一,相对于传统商务模式,移动电子商务除了在业务和经营方面能带来显著变化之外,还将从根本上改变企业发展的经营模式。随着目前互联网技术以及移动终端工具的更迭,移动电子商务为企业带来全新的市场机会便成为潮流的发展趋势。

移动商务在企业中利用移动商务中的无线通信技术、硬件基础设施和企业软件平台进行有效的结合,从而实现企业间、企业与客户的双向、实时性的企业商务活动。典型的移动商务应用包括移动办公、移动物流、移动供应链、移动售后服务等。

一、移动办公

在没有智能手机等移动工具的年代,人们的工作方式是固定办公,即在一个固定的地方,用固定的台式电脑进行文字处理。但有了智能手机、平板电脑等形式多样的智能设备之后,人们的办公开始从固定办公大幅度向移动办公转换。移动办公又称为3A办公,也称移动OA,即办公人员可在任何时间、任何地点处理与业务相关的任何事情。以移动终端、无线网络以及企业的办公自动化系统三者有机结合为基础,实现随时随地办公,不仅能将办公人员从办公室中解放出来,可以突破时间和空间的限制来进行办公,同时能轻松的处理紧急事务。

列举三个实际工作场景来说明移动办公对于企业用户的意义。

情景一:陈小姐是一个经常出差的企业高管,很多时候,由于工作问题她需要审批一些工作申请单,如报销申请单、促销申请单等,但是无奈身在办公室之外,难以及时审批。常常因为这些原因而耽误了重要的事情,造成公司不必要的损失以及客户的不满。而在移动办公的帮助下,刘小姐无论身处何处,只要有网络的支持,通过移动终端就可以查看员工提交的申请单,并能及时进行工作审批,使得刘小姐随时随地处理工作上的事情。

情景二:李先生是一个销售经理,工作比较繁重,既要管理团队的销售员,监督他们的工作,也要统领全局,掌握所有客户的信息,合理安排好每个销售员的工作。除此之外,还要对外出拜访客户的销售员进行监督和掌握,了解他们跟进客户的进度。移动办公不但能系统的安排和分析客户的信息,也能远程了解销售员的工作状况。外出拜访客户的时候,不用再把笨重的手提电脑带在身边,可以通过手机进行记录和汇报,收发文件。

情景三:钟小姐是一家企业的外勤人员,她经常代表企业参加一些行业内部高峰论坛或者本企业组织的会议,这些会议最主要的目的是对外宣传品牌本身,加强参会人对品牌及产品的认知。当钟小姐想要和参会各方代表交换名片时,可以通过APP拍名片直接读取资料到移动办公系统里,方便建立初步合作关系互相交换名片信息,也可以通过移动办公系统向客户介绍公司的产品,能在第一时间给予客户存货、型号、价格等详细的产品信息。

当前,企业办公正在逐步从PC时代走向移动时代。移动办公时代是一个追求效率和速度的时代,随着移动互联网的广泛普及,智能终端设备成为了人们的"新器官",人们工作与生活的界限变得模糊起来。企业员工不再被局限在办公桌前,移动办公场景无处不在,企业员工可以不受空间与时间的限制,随时随地都能进入工作模式,提升了办公效率。

二、移动物流

物流业是融合运输业、仓储业、货代业和信息业等的复合型服务产业。近年来,物流行业办公系统、运政业务管理系统、GPS监控系统等新型信息系统建设也应用广泛。物资调运过程中的及时性、可靠性是物流行业的命脉,也是核心竞争力的体现。提派员、调度员、库管、货检等很多角色经常处于非办公场所,物流企业需要一套能够及时进行信息查询、资源调度,具有强大的信息处理能力并且可以提高物流行业工作效率的移动办公解决方案。

移动物流充分运用信息化手段和现代化方式,对物流市场做出快速反应,对物流资源进行全方位整合,实现物流信息系统的移动化。

移动物流服务包括:消费者通过移动终端或PC机可以完成在线下单、查询货物物流信息、收货反馈操作;物流企业通过给员工配置移动终端,随时可了解货物运输地点、货物配送信息、仓储信息等内容,实现自动订货、自动转账、物流过程跟踪、24小时营业等功能。

通过将先进的条码技术、射频识别技术、定位技术、互联网技术以及现有的物流服务系统进行有效的结合,可以了解待发货物的运输目的地,对流通中的货物进行跟踪,进行统一的协调配送,降低专业物流企业运营成本。

移动物流提供的增值服务包括市场调查、商品采购、订单处理、货物配送、物流咨询、物流方案的选择及规划、库存控制决策、货款的回收及结算、物流系统设计与规划方案的制作等。

三、移动供应链

移动供应链管理作为移动商务的一种,可以超越时间和空间的限制,对围绕供应、需要某种产品或服务的相关企业关键信息资源进行随时随地的管理,最大限度地让更多企业加入供应链系统。

移动供应链系统实现的服务功能主要包括移动数据(采集)传输服务、移动定位服务、短信调度服务、信息发布服务、语音通话服务、信息发布服务 6 个方面。移动数据(采集)传输服务就是利用通信业专用通信终端、增值服务平台和客户端软件,为企业生产和管理提供相关信息的采集、生产管理信息的下达和查询等功能。移动定位服务主要通过联通 GPSone、移动 LBS 或 GPS 移动定位功能,为客户提供基于专用或通用通信终端的位置服务。短信调度服务可以通过客户主动定位服务获取车辆或人员等资源信息,将业务调度信息以短信的方式发送到指定的通信终端,实现与终端的信息交互。信息发布服务以短信或数据传输方式主动向通信终端发布信息。语音通话服务利用专用通信终端支持为客户提供语音通话服务。信息发布服务则利用 PDA 等智能终端提供交互性的信息查询服务,并可与客户的 ERP 结合推广实施。

随着全球经济形势的日趋严峻,企业面临供应链竞争和降低成本的双重压力。快速、敏捷的供应链成为了企业建设的重要目标。那么,"移动化"供应链场景如下:

(1)销售管理等核心业务的"移动化"。作为销售人员外勤情况较为普遍,身在外地接收到新的订单想要转化为内部信息却并不容易,移动供应链的部署可以让销售人员通过手机 APP 等方式,将信息录入并传递到其他内部系统(如 ERP),并通过这些系统实现订单的执行。

(2)物流管理环节的"移动化"。很多企业的物流都是通过第三方运输公司完成的,同时也需要全盘掌握物流信息,但是因为管理难度大等原因往往不受控制。另外处于安全的考虑也不可能让外部人员随意接入内部系统,此时,移动的部署就可以通过轻交互的方式让物流状态受控,让仓库或者配送中心第一时间了解物流信息,出现问题及时调度,全面提升服务质量。

(3)仓库管理的"移动化"。通过移动设备(如手持机、可穿戴设备、平板等),条码扫描等方式都可以处理库存,还可以通过叉车上的跟踪设备了解员工工作状态等。一旦仓库的任何位置都具备移动性特征,就能让人员和库存物资做到实时跟踪。

四、移动售后服务

随着通过移动应用程序、移动聊天和社交网络提供服务高峰的到来,今天的客户需要各种设备和渠道上的无缝的、个性化的对接服务。传统的电话加电脑的客户服务方式已经无法满足当下企业和客户的需求。反应速度慢、工作效率低、企业成本高、客户体验差等诸多痛点暴露无遗。企业急切的希望改变现有的糟糕的服务状况。

另外电子商务以及 O2O 服务行业的发展,智能手机的普及移动端网民的日益增多,如何做好客户服务,成为企业当下最关心的问题。目前,优秀的企业客户服务团队都在从客户服务渠道、客户满意度、社交网络以及多渠道整合等方面竭尽全力地满足客户随时随地的个性化需求。

移动售后服务利用无线移动技术实现企业内部、外勤工作人员和服务现场三者之间的无缝连接。移动售后服务提高了派工的效率和准确率,降低单词服务成本以及平均服务成本,加强了对外勤服务人员的管理,外勤服务人员可以及时与企业本部沟通,了解库存配件和产品情况,并远程获得公司的技术支持、为公司全称监控移动售后服务提供了可能。同时,通过分析以往售后服务的数据,掌握产品存在的质量问题和客户诉求,有利于改善企业产品质量,提供最符合客户需求的款式、质量和服务。

第二节 应 用 案 例

一、可口可乐公司"数据空港"移动商务应用案例

可口可乐是世界家喻户晓的饮料品牌之一,自1979年返回中国市场至今,已在中国投资达130亿美元,目前中国已是可口可乐全球第三大市场。截至2017年,可口可乐在中国已建有43家瓶装厂。数据显示,2018年上半年,负责可口可乐中国装瓶业务的太古股份和中粮旗下的中国食品有限公司分别营收127.08亿港元(约合110.37亿元)和86.98亿元,这意味着,仅上半年,可口可乐在中国营收便达近197亿元,约占可口可乐同期全球营收的17.37%。

1. 竞争格局变化推动管理模式改变

尽管取得如此辉煌的业绩,但是可口可乐公司的心情已经与20年前刚刚返回中国市场时大不相同。那时中国饮料市场尚未开发,外国饮料公司基本上感受不到中国饮料企业的压力,可口可乐可以说是一家独大,十几年前中国出现的几家可乐型饮料,最后都无声无息地消失了。近年来,随着中国民族饮料品牌的蓬勃发展,以可口可乐为代表的外国饮料企业逐渐感受到中国饮料企业强烈的竞争威胁。

作为快速消费品行业典型代表的饮料企业,因其行业特点,在销售数据和库存管理方面往往会出现以下问题:①销售数据可能滞后或失真,影响营销决策;②资金挤占和坏账损失,导致财务危机;③库存数据不准确及时,导致库存成本增加、流转效率低下;④跨区域窜货,打乱企业整体市场布局。

面对竞争日趋激烈的中国饮料市场,可口可乐公司也意识到这些普遍性的问题对公司盈利状况产生的不良影响,开始思考改变管理模式、优化管理流程来提高管理效率和控制成本的重要意义。

在借鉴了多家有代表意义的快速消费品企业的数据管理经验后,可口可乐公司的管理人员将目光聚焦到了高效并且普及率高的短信服务业务上。应用移动通信技术服务来进行销售数据和库存管理,成为可口可乐公司的新目标。此时,选择一家最合适的合作伙伴迫在眉睫。

2. 打造信息管理平台

针对可口可乐公司的终端销售和库存管理需求,结合GPRS技术开发的销售终端数据采集系统,通过活力短信,可口可乐公司将及时获得下属各分公司、连锁店、代理商的实时销售、库存情况,帮助企业提高流程运转效率。该方案可实现以下功能:

(1) 销售和库存管理。销售人员编辑固定格式的短信,将当日销售金额、售出商品明细等信息上行发送至总部。通过上行发送规定格式短信,销售人员向总部物流中心汇报库存物品的入库、出库、盘点情况并提报补货请求。

(2) 工作通知。总部发送下行短信下达各种通知,如商品价格调整通知、促销信息和

发薪通知等。

（3）信息发布。实现总部重大事件的信息发布提醒和企业各层级人员之间的信息沟通。

（4）短信自动归档管理。对上下行短信进行归档，并保存到历史数据表，供数据统计部门进行汇总处理。

（5）人文关怀。在重大节日、员工生日时，总部行政部门发送短信，送上节日祝福和生日祝贺，为员工送上关怀，增强员工凝聚力。

应用"数据空港"移动商务方案，可口可乐公司的各级管理者通过手机掌握各销售网点、销售地区的各时段的销售、库存情况，做出及时准确的销售分析，实现24小时的信息数据有效传达，真正做到对市场的快速响应，提高企业的管理水平和竞争实力，全面实现移动办公。

3. 建立起移动营销管理平台（MCM）

MCM让销售全身心投入业务活动和售点管理中粮可口可乐多年经营形成的精细化管控模式和庞大的业务终端网点数量对管理系统的支撑能力提出了很高的要求。从2009年起，公司逐步建立起移动营销管理平台（Mobile Customer Management 系统，简称MCM），经过多年的优化与创新，目前已成为中粮可口可乐销售体系业务管理和人员管理的重要工具。MCM系统已经全面支持中粮可口可乐所辖区域内所有装瓶厂和地区的销售业务，不仅仅满足在零售及终端管理上的多样化需求，而且也满足多种使用场景内上万用户的日常业务工作要求。

移动工具的使用，极大地提升了销售人员的工作效率，也实现了前端业务透明化、规范化管理。通过MCM一体化移动营销管理平台，销售体系提高了对销售业务的前置性指导、过程监控和后续分析改善；在集团信息化层面上，MCM移动营销管理平台和集团SAP ERP、CRM等系统实现了全面集成，从而形成集团核心业务流程端到端的一体化。

二、农夫山泉基于 SAP SMP 移动应用案例分析

移动化时代的到来，企业都选择了紧跟时代的潮流，作为国内快消品行业的领先者，农夫山泉也已经将移动化的能量发挥到了极致，虽然企业成立的时间不如其他竞争对手，但是在新技术方面的应用确实领先不少。

小张是养生堂农夫山泉的一位销售代表，他每天的工作是走访商户，了解公司产品当天的销售情况，然后以最快的速度把数据传回总部。以前，他需要做的是带上本子，把情况一一记录在册，然后回到电脑前发送文件。而如今用上短信平台后，他再也不用埋头填那些单据了，也不用急着往电脑旁边赶了，只需要发个短信，所有信息都能在第一时间发回公司。公司的平台在收到短信后，也会自动回复一个确认短信，或者给他一个发货信息。

农夫山泉公司是国内知名的快速消费品公司，由于业务需要，它们拥有一大批像小张这样的业务代表，分布在全国各地直至乡镇、村头。他们是农夫山泉抵达消费者的末梢神经，也可以说是渠道的最前端。如何控制好这些零售终端？这对农夫山泉来说是一个挑战。在"渠道为王"的年代里，谁能踢好最终面对消费者的"临门一脚"，谁就能在消费者做出购买决定的最后一刻俘获对方的心。

第十章 企业移动商务应用

因此,"占终端、决胜终端"成为诸家企业的必然之举。在信息化如此发达的今天,很多企业纷纷借助IT手段实现渠道建设,实现对渠道的管理。而应用移动技术实现对终端的掌控则是农夫山泉的创新之举。

养生堂农夫山泉系列产品在全国有销售代表4000余人,加上其他系列产品的销售代表,总计8000余人。这些"业代"控制着全国所有的大中小型超市。"业代"们每天必须在渠道里跑"线路"。公司规定每个"业代"每天跑50家门店,一周跑300家,收集数据、沟通、理货。每人所对应的300家门店不同,每人负责一个区块。那么,区块怎么走是最短距离?每个店面需要进多少货?什么价格?业代们走一圈下来要将所掌握的这些数据层层上报,总部拿到数据之后才可以看到:终端店面有多少货,今天要进多少货,哪些品种需要加大生产力度。

农夫山泉建立了一种具有农夫山泉特色的、适合业务需要的管理方式,短信平台应运而生。这个平台只需凭一部手机发一条短信,业务代表在"扫街"时就可以完成信息的及时输送,再不用手拿小本子每天在超市的货架旁记录,公司也能第一时间获得销售数据。CRM中的移动访店、第三方检查、桶装水送水订单确认、驻店理货员陈列上报等等这些环节,都能实现数据的方便收集,能在第一时间把数据反应到总部进行决策。

截至目前已有300多个办事处,8000多名业务代表在使用这一系统。由于业务上能及时收集到市场的陈列和竞品活动,因此,可以快速决策,先于对手进行市场政策调整。

同时,企业营销管理部门也可以运用此平台,向全国各地的销售商发布产品信息,如产品名称、产品型号、产品编码、订货方式等。此外,短信接收功能还提供了便利的产品防伪查询工具。消费者在购买产品时将防伪码通过短信发送到后台,系统自动将其转入产品编码库,然后将查询的结果通过短信回复给消费者。

目前,整个公司8000名业代,每天都将短信订单发送到数据库里,然后系统自动打出报表进行分析决策,从而避免了时间的滞后和数据的失真,为公司提供了很好的决策工具。与此同时,农夫山泉取消了对业务员纸质报送数据的绩效考核,所有"业代"的考核指标都是由短信平台上报的数据自动产生,与他们的工资挂钩。此外,客户资料、零售商和批发商信息也可以实时获取。

"只有用户看到产品,产品才能卖出去,如何使用移动终端最大化地展现给用户,成为了农夫山泉每个员工都在努力的方向。"对于移动终端应用带来的巨大推动力,农夫山泉信息部总监胡健更是赞不绝口。

为了能够充分发挥移动终端带来的最大效能,农夫山泉的渠道管理部门把所有的业务代表拜访的线路进行固定,而且时间也进行固定,一个业务代表一天给30家门店,管理300~500家小门店,利用这个体系将业务代表变成机器人,需要他们严格的操作。现在的渠道管理部门能优化线路,所有的代表在两个门店之间的时间缩小,增大和客户沟通的时间。

在操作方式上,农夫山泉和联通签署战略协议,每个销售代表包月500M的流量,所有的套餐取消,这样运营商会送一个Android手机,而且支持双卡。其中一个是数据卡,用于发送数据。另一个卡是自己的电话卡,基本上可以满足所有的生活和工作需要。

移动终端的另一个便利之处还在于，对业务代表实现了全数据的管理，包括业务代表的签到、业务轨迹等，能够实时的将数据返回到系统，便于统一协调管理。

同时，业务代表需要把现场的数据通过照片的形式传回来，看店员是否已经按照自己的规定做好，尽可能地在销售端把工作做到最优，进而提升销售的水平。

由于每个运营商都有各自的特点，农夫山泉现在采用的是全运营商接入合作方式，尽可能发挥到最极致。

总的来说，农夫山泉移动商务的应用能解决一下问题：首先，改善了企业运作，能够迅速地得到市场反馈的信息，加速了新品面市，减少断货现象，业务代表的业绩每日上传公司数据中心，公司可以清楚掌控各访销员的任务完成情况；其次，大大提高了管理层和终端业务代表的工作效率。销售员在拜访零售分销商时，不用再携带大叠销售表格，只要将所需的各种资料下载到手持设备上就可以了。

三、沃尔玛的新技术革新

拥有线下优势的传统零售巨头，不一定能在互联网上复制自己的成功。全球500强的沃尔玛即是一例。它开展电子商务的时间并不晚，摸爬滚打16年却成绩平平，无法与其线下零售业绩相比。但是，当沃尔玛想清楚自己要为全球"下一代顾客"服务后，电子商务不再只是传统业务的补充，而是其为顾客提供连续服务的关键环节。正如当年沃尔玛毫不犹豫采取新技术来建立自己的供应链从而成为零售业的霸主，如今在电子商务领域沃尔玛也要采用新技术实现一场革新。

1. 带着惯性触网很难成功

在Internet Retailer的北美电子商务500强中，walmart.com排在第六。2010年，排名第一的亚马逊营业收入为340亿美元，沃尔玛网站约为60亿美元，这在沃尔玛2010年4000多亿美元的总营收中，连2%的占比都不到。

1996年7月，沃尔玛的电子商务网站开通，亚马逊则于前一年成立。成立之初沃尔玛就宣称要整合传统业务优势，在两年内把网站建成产品和服务种类最齐全、最丰富的在线销售网站。然而事实上，早期的沃尔玛网站更像是一个花里胡哨的数字化接待员，将顾客引导到线下的实体店铺，功能华而不实。这样的初次亮相，让外界质疑其并未深刻理解互联网。

经历了前三年的亏损，1999年沃尔玛终于决心利用自己线下的仓储管理优势，建立一个从牙刷到电器等商品在内的无所不包的网站，同时严格禁止批发商向对手供货。不过，这样一个拥有成熟物流基础设施的零售商，却在同年的圣诞前，面对大量订单时疲态尽显，不得不提醒顾客无法保证货物的投递。

时至今日，在美国，沃尔玛网站和线下店的互动也仅仅在于协同采购和site to store（即顾客在网上下订单然后到实体店自提商品），而且网站拥有自主采购权和定价权，配送更是可以选择第三方快递。

walmart.com的商品和服务或许是最丰富的，它甚至还提供宽带接入服务，可这种"大杂烩"的做法并未受到顾客的青睐。沃尔玛仅仅是把walmart.com定位为实体店的补充和延伸，在技术上又未能像亚马逊那样为顾客提供个性化服务。2002年9月，comScore的统计数据显示，当时电子商务排名第一的eBay有3400多万访问者，紧随其后的亚马逊有 2500 多万，就连雅虎购物、戴尔、巴诺书店和 MSN 购物也分别有 2450万、1140 万、820 万和 730 万的访问者，而排名第十三的 walmart.com 仅有 650 万。

到 2007 年，沃尔玛实体店每周顾客量达到了 1.3 亿，其中 75% 为网民，但并非所有人都会在 walmart.com 上购物。沃尔玛高层不得不承认，相较那些社区网站，walmart.com 的线上互动太弱了。于是，沃尔玛通过博客、维基百科、社交网站和视频网站等，想把一个单纯的交易型网站变为一个互动型社区，让数以亿计的沃尔玛线下顾客能在网上谈论自己的产品。除了涉足社交网站以及使用各种互动工具，walmart.com 做得最成功的要数 2007 年上线的评价系统。

不过，沃尔玛在电子商务上的战略一直未曾清晰。直到 2010 年，沃尔玛才专门设立了全球电子商务部门即 global.com，但与此同时 walmart.com 网站的架构初创者 John Fleming 离职。沃尔玛在 2011 财年的财报中，称该部门有三个目标，一是发展并执行全球电子商务战略；二是加速全球在线销售渠道的增长；三是为每一个市场创造新技术平台和程序。

2017 年 8 月，沃尔玛再次对电子商务业务进行重组，美国、英国、加拿大和日本的电子商务负责人转而直接向所在国的实体店负责人汇报工作，中国、印度和拉丁美洲等地区的电子商务业务负责人仍旧向 global.com 汇报。

一路曲折，沃尔玛的线下霸主地位，至今无法在线上复制。1997 年沃尔玛的年销售额首次突破千亿美元，2002 年则达到了 2000 多亿美元。相较于实体店的巨大体量，电子商务对沃尔玛的贡献实在太弱。这也导致了在集团内部，实体店的管理者掌握了话语权，据说早期店长甚至拒绝将沃尔玛网站的地址印刷到购物袋上。

但是，一向在沃尔玛战略中处于重中之重的美国地区，其开业至少一年的店面销售额已经连续 9 个季度下滑，而 2010 年，美国电子商务销售额增长率为 14.8%，网络零售每年营业收入规模超过 1500 亿美元。据报道，近期一些调查显示，大部分沃尔玛的顾客已不再相信这个全球最大的零售商提供的产品价格是最低的。越来越多的顾客选择网络交易，沃尔玛眼睁睁看着自己的市场份额被亚马逊这样的竞争对手抢走。电子商务不再是威胁，而是竞争的利器。

2. 革新技术寻找新模式

2011 年 6 月 3 日，沃尔玛首席执行官 Mike Duke 在股东大会上提出要在全球赢得"下一代顾客"。沃尔玛在 2011 财年财报中强调，就像实体店一样，价格、品类、顾客体验和信任对于电子商务也同等重要，改变的只是技术。而顾客对于沃尔玛品牌的信任，是其自认为区别于其他在线零售商的地方。如何在网络上维系这种信任，沃尔玛把重点放在手机和社交媒体上，这也正是"下一代顾客"与外界沟通的渠道。

社交对于零售的影响之大已有目共睹，从社交网站跳转到电子商务网站的访问量正在迅速增加。沃尔玛要实现的就是打通社交网站和 walmart.com。Mike Duke 透露，通过实体店和低价策略，沃尔玛能真正利用手机技术和价格透明化，把实体店、信息系统以及物流管理整合成一个连续的通道，从而推动增长，为全球下一代顾客提供服务。

3. 移动商务应用的机遇

2017 年，在沃尔玛中国深圳总部举办的年度运输商大会上，沃尔玛不仅分享了绿色智能管理和移动技术在物流运输领域的应用成果，还与中国邮政、中国对外贸易运输集团、中国海运集团、中集车辆（集团）有限公司、招商局等全国物流巨头共同探讨如何借助科技手段，提升物流运输每一个环节的信息化管理，实现更安全、高效的移动物联网体系。另外，沃尔玛还获得无车承运人试点资格，这也是国内第一家获此资格的零售企业。

沃尔玛的供应链团队支持着遍布全国各地400多家门店的日常商品运转，为零售业务进行准确的供需预测、及时的补调货和安全高效的物流配送，运输正是确保这个庞大网络正常运作的重要"血脉"。为满足沃尔玛全国门店的商品供应，平均每天约有800辆卡车行驶在配送途中，行驶里程数超过21万km，每天完成100万箱货物的准时送达。

在商品流转过程中，门店与配送中心、配送中心与承运商、承运商与单位车辆之间，发生大量的端到端交互信息（如实时监控车辆位置、在途预警、异常反馈、车辆到达时间估算等）。为了精准处理这些动态信息，沃尔玛与物联网企业合作开发运输管理软件系统（TMS），打通内部、外部系统，并配合56Link物流链系统移动客户端APP，通过移动互联网与运输相关方充分共享信息。智能系统从此取代了繁琐的手工操作，包括预约承运车辆、装载进度可视、车辆在途动态追踪等信息都实现实时可控，轻松做到随时随地获取商品的位置和到达时间。对于系统累积的信息和数据，还增加大数据的分析处理功能，让系统持续改进。该系统现已经安装客户端近3万，每天终端查询超500次。未来一年内，沃尔玛计划将此系统拓展到进仓运输领域，将物流智能化衔接至供应商环节，运输流转数据链将更为完整，从而支持整体运量规模不断增长的同时，继续提升商品流转全过程的计划性、可视度和人员安排效率。

为进一步提升商品流转效率，沃尔玛引入路径优化系统（ROS），在完成预订运输货车时，同步规划商品到店的最优路线。路径优化系统根据承运商的承载能力、配送中心的仓储情况，结合实时路况，通过安装在驾驶员手机和车辆上的移动客户端APP，进行在线车辆调度和到店顺序安排。冷链路径优化系统上还配有温度监控系统，实时掌握配送途中商品的温度。路径优化系统，解决了商品配送高频率、多温区、门店需求波动等复杂需求，并确保商品新鲜程度和品质切实满足门店收货标准。沃尔玛在冷链运输中同时应用了温度监控系统，实时掌握配送途中商品的温度，致力保证食品新鲜、安全的送达门店。

针对运输途中最大的人为因素，即驾驶员，沃尔玛应用智能引擎管理系统（EMS）通过实时记录驾驶员的驾驶习惯，包括车速、刹车记录、历史轨迹、油耗、异常情况，为安全驾驶提供有依据的参数指导。EMS也为推行油运分离优化运费结构政策的推动提供了数据支持，鼓励驾驶员提高燃油效率，降低运输成本。该系统自2016年8月测试至今预计降低事故率约10%，实现减少行驶里程约88万km，并可实现每年减少154t二氧化碳排放。技术手段上的创新和对绿色运输理念的积极推动，使沃尔玛获得有关机构和行业的高度认可，如获得中国道路运输协会颁发的"绿色货主企业"奖。

沃尔玛中国供应链部高级副总裁史莲莉（Lesley Smith）表示："作为零售行业的领军企业，沃尔玛对于供应链管理有着深刻的理解，并积累了丰富的实战经验。我们尤为注重供应链智能化打造，从而提升供应链行业效率。沃尔玛愿意承担更多的企业社会责任，

第十章 企业移动商务应用

与国内领先物流企业积极对接与合作,为行业的可持续发展提供更多的解决方案。"

四、服装行业移动商务应用——快速管理

对比其他行业的移动应用,服装行业较为特殊,行业性质决定了服装移动应用要与消费者联系得更为密切,如何吸引消费者来购物、如何提高消费者用户体验都是服装行业发展移动应用所要考虑的内容。条码技术的使用,为企业提供了收集产品信息的方法,帮助企业及时了解产品的适销状况,对生产计划进行及时合理的规划,避免存货积压或脱销的损失。

1. 优衣库

日本服装品牌优衣库的O2O与传统理念不同,多数行内人士对优衣库的电商以及O2O策略的第一印象就是非常"反常规"。优衣库之所以如此,在于它和很多高喊反传统零售主义的电商人,以及那些正在积极推进电商渠道、高喊彻底O2O一体化的品牌商相比,反而是最理智、最稳健的。

近些年,优衣库推出了自己的APP,与传统APP移动应用不同,优衣库为了避免双线互搏,提升实体店的竞争力做了以下3点措施:①它实现了线上与线下同价,从而避免线上渠道的冲击;②它通过多种方式吸引用户前往实体店购物,如APP中提供周边店面的位置指引,其线上APP提供的优惠券二维码都是专门设计的,只能在实体店内才能扫描使用,从而实现从线上到线下实体店的引流;③对于商品打折,优衣库采取了"指定产品区隔和时间段区隔"的策略。所谓"产品区隔"主要是指线上与线下打折的商品都是特别指定的,并在款型上有所区隔。而所谓"时间段区隔",指折扣活动的时间段,采用错峰排序的方式,用户错过线上折扣,也可以耐心等候实体店随之到来的折扣期。

优衣库APP的推广方式很有趣,通过店内广播以及收银员的提醒,告知用户如果使用APP扫描指定产品的二维码,可以享受更好的打折优惠。所有的产品二维码都是专门设计的,只能用优衣库的APP才能扫描识别。

2015年,优衣库通过旗下移动应用UTme!尝试C2C,用户可以自己设计T恤,然后售卖给其他人。UTme!是优衣库在2014年5月上线的独立应用,用户可通过自主选择相应的花色、文字,上传图片,简单涂鸦来完成一件DIY的T恤。此前,用户通过UTme!设计的衣服只能用于自己购买,而现在UTme!上线了"UTme! market",用户不仅能自己设计T恤,还能购买其他用户设计的T恤。用户设计的T恤都由优衣库进行生产、发货、配送和售后服务,而产品最终的收益归优衣库,设计者则可获得300元的分成。

2. 美邦服饰

在中国,服装行业公认O2O做得比较领先的是美邦服饰。美邦服饰的电商起步较早,2009年末已开始搭建电商平台(邦购网),在O2O刚刚兴起的2013年,美邦率先将O2O战略落地。2014年,美邦服饰全新开设的重庆新华国际店已实现了诸多别家品牌还停留在概念上的功能。

美邦服饰在门店的每个楼层都配置了"时尚搭配"互动装置,顾客只要扫描任一款衣服的条码,该装置即刻会给出自己的搭配意见,在店内的试衣间区域,时尚导购通过内置

在 iPad 上的搭配系统，给顾客提供所试穿衣服的搭配建议，顾客可以先睹搭配效果再进行试衣，如果满意，则可通过时尚导购 iPad 上的云支付系统，直接用支付宝或微信进行支付。

目前常见的 O2O 包括扫码加会员或者店铺买单时使用线上支付方式等，美邦服饰在 2016 年的杭州店就已实现了相关功能。同时，线上邦购网也和线下店铺全面打通，开通了线上预约线下试衣，而线下店内看中的衣服就算缺码，也可以扫描商品二维码直接到线上购买。

五、宝洁搭上移动商务快车

宝洁公司是全球快速消费品行业巨头，同时也是中国消费品行业的领袖企业，拥有众多在中国市场领先地位的品牌，如玉兰油、SK-II、海飞丝等。

1. 货车＋PDA：进军二级市场

众所周知，宝洁公司在北京、上海等大城市的一级市场，已建立了强大的销售网络，而中小城镇及农村等二级市场，则一直是宝洁的软肋。为了攻克向来被国内众多日用消费品牌所把持的二级市场，宝洁启动了货车销售模式。通过在二级城市与一些特别大的经销商合作，购买依维柯、昌河等货车，销售人员开着货车大街小巷地穿行在宝洁没有固定覆盖网络的二级城市和乡村，配备了 PDA 的销售人员坐在载满宝洁产品的汽车上，每到一家店，就与店主谈，当时就地送货。

为了考核销售人员的供货能力和业绩，宝洁要求销售人员通过 PDA 记录具体销售路线，把进到每间商店的具体时间、与哪个店主达成了哪些交易、具体是哪些品种、哪些规格，全部记录在 PDA 中，每天传回宝洁总部的中央处理器。这样，宝洁能把销售信息与网络，通过 PDA 延伸到了一些更加偏远的二级城市和农村地区。

2. 玉兰油的电子柜台

1998 年前后，宝洁推出玉兰油品牌，实行专柜销售模式，专柜销售人员由宝洁公司招聘、培训、考核和工资发放，并给柜台配备 PDA。

宝洁在天津、广州、深圳 3 个城市 100 家左右的玉兰油专柜测试使用 PDA。由于专柜面积小，不可能使用 PC 机、POS 机这样成本高达 1 万～1.5 万元的终端设备，加上在商场一般不愿为柜台安装专门的电源线、电话线等，所以选中了成本只有三四千元的、无需专门电源电话线的 PDA。这样，宝洁可以收集专柜每天销售各规格、品种、销售业绩等具体销售数据。

同时，宝洁希望在专柜人员为消费者服务过程中，通过 PDA 把客户的详细资料记录下来，以了解消费者对产品的真实反映。通过远端 PDA 完成这些数据的远端采集后，销售人员每天传送到宝洁总部的中央处理系统，对这些数据进行统计和分析。这些数据对于分析哪个年龄层喜欢购买什么产品、客户喜欢选用那种促销品等内容非常有用。

3. "短信宝"移动商务解决方案

随着玉兰油产品价格下调，推广 PDA 成本过高，使其利用 PDA 全面搜集客户资料已无太大必要。于是宝洁开始使用成本更低的"短信宝"。

"短信宝"主要是库存、销售数据采集系统。玉兰油专柜的销售终端人员每天通过手机短信形式，把库存、销售数据按规定的标准格式发送到"短信宝"系统平台，信息数据就会自动分发到宝洁的中央服务器里。

据介绍，玉兰油专柜可以在每天下午5点生意最不好的空隙时间，在一个小时内，全国上万家销售终端的销售和库存数据就可以发送到宝洁总部的中央处理系统，这样，就可以把销售数据的搜集工作，从原来靠手工记账方式和层层传递时期的一周至二周，缩短到一天时间完成。

六、中国人寿移动商务应用

以往，保险公司的客户服务方式主要通过直邮、呼叫中心等方式来进行。由于行业的特性，保险公司很难和投保客户直接进行沟通，保险公司是被动地为客户提供如保单信息、险种介绍、保险合同变更等信息服务，很难提供主动、便捷、迅速、高效的服务。直邮和呼叫中心高昂的成本费用在一定程度上也限制了保险公司的主动客户服务。

为了给客户提供高质量服务，降低保险客户的流失率，赢得更多的客户和提高客户的忠诚度。2003年年初，中国人寿建立覆盖全国的"移动95519"短信客服系统，以短消息作为主要客服手段，为全国数量庞大的保险客户提供各种保险服务。通过短消息实现中国人寿与客户之间最快捷、最直接、最主动的沟通，克服了传统客户服务方式运作过程中存在的一些弊端，作为原有客户服务方式的有力补充，能够为客户提供快速、准确、个性化的服务。

中国人寿根据客服流程、操作方式及个性化应用等因素有机地将短信客服系统和现有的业务系统连接在一起，构成了"移动95519"短信客服系统。该系统运行在中国人寿的内部专网中，通过安全的数据接入与中国人寿现有业务系统之间建立信息通信，提供服务管理、短信收发、应用服务、系统管理等多方面的丰富功能，为中国人寿的短信客服系统提供了一个高效的运营支撑平台。

中国人寿新版互联网电子商务平台于2012年6月16日正式上线运行。中国人寿新版互联网电子商务平台是中国人寿推出的首个面向客户的"一站式"综合金融保险服务平台。在微信大行其道的2013年，中国人寿又果断快速抓住了趋势：打造了微信统一投保及服务平台。通过微信平台，客户可以直接投保意外险、车险，实现激活卡激活、保单查询、手机缴费等功能，享受终端移动化带来的便捷。

随着移动互联网的蓬勃发展，移动应用也呈现爆发性的增长态势。近几年来，中国人寿通过科技创新和服务创新，逐步高水平、深层次融入人工智能和移动互联大势，打造一站式高情感互动便捷服务体验。

2017年6月，中国人寿电子商务有限公司发布了国寿 i 购、国寿 i 车和国寿 i 动3款移动应用产品，吸引了大家的广泛关注。这3款产品围绕购物休闲、运动健康、车生活等内容，为客户提供多元、互通、智能、共享的移动服务应用。

国寿 i 购的商品覆盖衣、食、住、用、车等方面，还为企业提供标准化、自助式的集中采购，同时还将保险产品嵌入相应的消费场景，借此完善"商品交易＋金融服务＋保险保障"的供应链综合金融服务。

由于商车费改和车险商业模式变革，保险公司纷纷由车险的单一经营转向"汽车＋保险"综合服务。"国寿 i 车"便是这样一款汽车服务类 APP。国寿车险客户能够通过这个平台享受加油卡充值、O2O保养、车品销售等车后服务。据悉，国寿 i 车还将向汽车交易与汽车金融保险领域推进，尽可能覆盖全流程场景车主服务，逐步构建汽车垂直领域的"消费＋金融保险"生态。

运动，早已不再只是人们的一种健康生活方式，更成为时尚社交形式，跑步运动本身在社交圈中高频交互的特点。国寿 i 动是一款运动健康类 APP，以计步、跑步等运动管理为核心功能，可通过跑团开展集体活动、统计运动排名，并通过活动、赛事功能实现线上线下的活动组织与管理。国寿 i 动可为用户提供丰富多彩的娱乐化、运动化的轻量级健康服务。今后，通过分析用户健康状况，将提供具有针对性的风险保障产品，逐步实现与风险保障类金融产品的对接。

思考与练习

1. 企业移动商务的具体应用有哪些？
2. 请分析一个企业移动商务应用案例。

参 考 文 献

[1] 陈建忠. 移动电子商务基础与实务 [M]. 北京：人民邮电出版社，2016.
[2] W3School. (2018-3-20) HTML5 教程 http://www.w3school.com.cn/html5.
[3] 钟元生. 移动电子商务 [M]. 上海：复旦大学出版社，2014.
[4] 秦成德. 移动电子商务 [M]. 重庆：重庆大学出版社，2016.